Edmond Kamango Selemani Sheta-Sheta

Un jour férié pour célébrer l'idolâtrie kimbanguiste !

Edmond Kamango Selemani Sheta-Sheta

Un jour férié pour célébrer l'idolâtrie kimbanguiste !

Éditions Croix du Salut

Imprint
Any brand names and product names mentioned in this book are subject to trademark, brand or patent protection and are trademarks or registered trademarks of their respective holders. The use of brand names, product names, common names, trade names, product descriptions etc. even without a particular marking in this work is in no way to be construed to mean that such names may be regarded as unrestricted in respect of trademark and brand protection legislation and could thus be used by anyone.

Cover image: www.ingimage.com

Publisher:
Éditions Croix du Salut
is a trademark of
Dodo Books Indian Ocean Ltd. and OmniScriptum S.R.L publishing group

120 High Road, East Finchley, London, N2 9ED, United Kingdom
Str. Armeneasca 28/1, office 1, Chisinau MD-2012, Republic of Moldova, Europe
Printed at: see last page
ISBN: 978-620-6-17006-8

Table des matières

Avertissement

Tout disciple de Jésus accompli égale son Maître, et à ce titre il a le droit et le devoir d'éprouver ceux qui se disent apôtres et qui ne le sont pas, mais qui mentent, de haïr les sectes religieuses chrétiennes qui parodient l'Eglise du Seigneur, et de combattre jusque dans leur dernier retranchement les faux prophètes qui égarent le peuple de Dieu.

Cette ligne de conduite des disciples accomplis et vertébrés ressort des écritures ci-après :

Apocalypse 2 : 2 :

Je connais tes œuvres, ton travail, et ta persévérance. Je sais que tu ne peux supporter les méchants ; que tu as éprouvé ceux qui se disent apôtres et qui ne le sont pas, et que tu les as trouvés menteurs.

Apocalypse 2 : 6 :

Tu as pourtant ceci, c'est que tu hais les œuvres des Nicolaïtes, œuvres que je hais aussi.

Apocalypse 2 :20 :

Ce que j'ai contre toi, c'est que tu laisses la femme Jézabel, qui se dit prophétesse, enseigner et séduire mes serviteurs, pour qu'ils se livrent à 'impudicité et qu'ils mangent des viandes sacrifiées aux idoles.

Un chrétien qui laisse les gens se dire apôtres sans les éprouver, qui tolère la création, l'agréation, le fonctionnement et la fréquentation des sectes chrétiennes, et qui laisse des gens qui s'auto proclament prophètes enseigner le peuple de Dieu manque à son devoir, et mérite le feu éternel préparé pour le diable et pour ses anges.

Le combat que nous menons contre le prophète Simon Kimbangu obéit aux paroles qui précèdent. Personne ne doit donc m'en vouloir d'avoir éprouvé, dénoncé et désavoué le prophète Simon Kimbangu. Car en le faisant, je m'acquitte de mon devoir vis-à-vis de mon Dieu.

Avant – propos

La RDC est l'un des pays les plus gâtés par Dieu. D'une superficie équivalente à celle de l'Europe occidentale, la RDC est le plus grand pays d'Afrique subsaharienne. Elle est dotée de ressources naturelles exceptionnelles, notamment des minéraux tels que le cobalt et le cuivre. Elle abrite un potentiel hydroélectrique considérable, un des premiers réservoirs de biodiversité avec 15.000 espèces végétales et animales. Elle est aussi la deuxième plus grande forêt tropicale du monde, donc un pays solution dans la lutte contre le réchauffement climatique. Les experts attestent que la RDC réunit à elle seule 80 millions de terres arables dont 10% seulement sont actuellement cultivées, de quoi nourrir 2 milliards de personnes chaque année. La RDC n'est pas qu'un scandale géologique. Elle est également un scandale hydrographique, étant parcourue du Sud à l'Ouest, en passant par l'Est et le Nord par l'un des plus longs fleuves du monde, à savoir le majestueux fleuve Congo, lui-même alimenté par 24 affluents, auxquels se jettent des rivières et des ruisseaux en très grand nombre, sans oublier des lacs et des salines. Ces potentialités devraient faire de la RDC un paradis où il fait bon vivre. Malheureusement, malgré tous ces dons sa population compte parmi les 5 nations les plus pauvres de la planète, vivant avec moins de 2 dollars par jour, ayant l'aspect des cadavres ambulants, logeant dans des huttes primitives de boue et de paille, n'ayant accès ni à l'eau potable ni à l'électricité, ni aux soins médicaux les plus courants, sans routes, ni hôpitaux, ni écoles de qualité, ni infrastructures sociales, hospitalières, et récréatives dignes d'un peuple moderne.

Avec les potentialités susmentionnées la RDC devrait non seulement décoller elle-même économiquement, mais être la locomotive économique d'un grand nombre de pays.

Si elle ne décolle pas mais continue à se débattre désespérément, et en désordre, dans le marasme économique, c'est qu'elle a un problème sérieux. Ce problème n'est pas à chercher du côté naturel, car là la nature est quitte, nous venons de le montrer, il ne faut pas l'accuser, lui en vouloir faussement, mais plutôt l'exonérer des souffrances des congolais. Le problème du Congo est à chercher du côté métaphysique.

En effet, comment ne pas accuser le côté spirituel des congolais si nous savons que leur vie ne reflète point les bénédictions de l'Esprit qui a créé le ciel et la terre et les sources d'eaux, et qui a béni les habitants de la terre en disant :

Deutéronome 26 : 16-19 :

1. *Aujourd'hui l'Eternel, ton Dieu, te commande de mettre en pratique ces lois et ces ordonnances ; tu les observeras et tu les mettras en pratique de tout ton cœur et de toute ton âme.*

2. *Aujourd'hui **tu as fait promettre à l'Eternel qu'il sera ton Dieu**, afin que tu marches dans ses voies, que tu observes ses lois, ses commandements et ses ordonnances, et que tu obéisses à sa voix.*

3. *Et aujourd'hui l'Eternel t'a fait promettre que tu seras un peuple qui lui appartiendra, comme il te l'a dit, et que tu observeras tous ses commandements, afin qu'il te donne sur toutes les nations qu'il a créées la supériorité en gloire, en renom et en magnificence, et afin que tu sois un peuple saint pour l'Eternel ton Dieu, comme il te l'a dit.*

Vous l'avez relevé de vous-même : Un peuple qui choisit l'Eternel comme son Dieu unique, qui marche dans ses voies, qui observe ses lois, ses commandements et ses ordonnances, et qui obéit à sa voix, sera supérieur à toutes les autres nations en gloire, en renom et en magnificence.

Ce qui n'est pas le cas avec le peuple congolais qui, malgré sa prétention d'avoir Jéhovah comme Dieu, ferme la marche des nations pauvres.

La vie des congolais n'est pas non plus conforme aux bénédictions transmises par le Fils de Dieu, Jésus-Christ, aux habitants de la terre, en disant :

Matthieu 6 :33 :

Car toutes ces choses ce sont les païens qui les recherchent. Votre Père Céleste sait que vous en avez besoin. Cherchez premièrement le royaume et la justice de Dieu ; et toutes ces choses vous seront données par-dessus.

Cette écriture affirme que ceux qui cherchent en priorité le royaume et la justice de Dieu recevront le plus grand bien-être social dont tous les peuples du monde ont besoin. Là encore nous constatons que ce n'est pas le cas de la RDC qui, en dépit de leur prétention d'avoir Jésus-Christ comme Seigneur et Sauveur continuent à croupir dans la misère.

On en déduit que les congolais ont un problème avec Dieu. En effet, si les congolais observaient les paroles de Dieu susmentionnées, ils ne seraient pas la lanterne rouge des nations du monde. On peut donc en conclure que les congolais n'observent pas la parole de Dieu. Ça c'est très sûr malgré leur très forte propension à la prière - - car on dit que 80% d'entre eux sont des croyants en Christ, le Fils du Dieu Très-Haut.

Pourquoi disons –nous que les congolais sont des traitres de l'alliance divine, ou des faux chrétiens ? Parce qu'en parcourant la RDC on est partout confronté à l'idolâtrie à ciel ouvert, pratique que le Dieu du ciel interdit à ceux qui sont en alliance avec lui (De 28 :14 - 15).

Ce qui est particulier, c'est que cette idolâtrie se trouve dans l'Eglise même, qui est la maison de Dieu par excellence. De plus, elle est nationalisée, étatisée, parce que reconnue officiellement par le gouvernement ou l'Etat congolais.

Donc au Congo, c'est l'Etat lui-même qui est idolâtre. Comment cela ? En agréant des religions idolâtriques, l'Etat approuve l'idolâtrie et l'impose à sa population. La RDC a donc choisi d'autres dieux que Jéhovah tout en prétendant servir le Dieu des dieux. Du coup elle a excité la jalousie de l'Eternel qui se voit ainsi menacé par une rivalité. L'Eternel n'accepte point d'être associé à une autre divinité.

La nation qui se rend coupable d'une telle abomination ne sera jamais tranquille, jamais heureuse. Quelle que soit l'abondance de ses ressources naturelles, humaines, scientifiques et technologiques, elle sera exterminée par la famine, par la maladie, par l'épée, et par la mort.

Voilà pourquoi la RDC est labourée comme un champ. Dieu a maudit le Congo à cause des congolais. C'est à force de peine qu'ils en tireront leur nourriture tous les jours de leur idolâtrie. Le sol congolais leur produira des épines et des ronces plus que ce qui arriva à Adam qui, lui, mangea du fruit de l'arbre défendu (Ge 3 : 17 – 18). Les congolais ont invoqué l'Eternel, Dieu, en même temps qu'ils flirtaient avec des divinités païennes.

Qui sont ces divinités païennes congolaises qui ont suscité et suscitent encore la colère de Jéhovah ? Nous pouvons citer sans être exhaustif Kadima Bakenge Musangilayi, qui se dit Christ et souverain Sacrificateur de l'ordre de Melchisédech, Simon Kimbangu, qui se dit le Consolateur, Dieu le Saint-Esprit et troisième personnalité de la Sainte trinité, ainsi que toutes les autres divinités des peuples composant la RDC, en l'occurrence les divinités SONGYE, LUBA, KASAI, MPENDE, KONGO, TEKE, KABEYA KAMWANGA, auxquelles l'Etat congolais recourt systématiquement pour trouver des solutions à ses problèmes sécuritaires, ou pour consolider, défendre et protéger le pouvoir des chefs qu'il établit à la tête du pays.

L'intérêt du présent ouvrage est de dévoiler l'origine métaphysique exacte des malheurs qui affligent une population aux ressources naturelles fabuleuses mais socialement, économiquement, industriellement, sécuritairement, politiquement, éducativement pauvre, d'une part, et de proposer la thérapeutique qu'il faut pour l'en guérir, d'autre part.

Le présent ouvrage, inspiré par le Saint-Esprit, n'est pas une provocation dirigée contre une personne, ou une communauté ou une religion quelconque.   Il cherche plutôt à convaincre les congolais en ce qui concerne le péché qui les tient esclaves des malheurs de tous bords. Le Saint-Esprit n'a-t-il pas été envoyé pour pareille activité (Jean 16 :811) ?

Que vous soyez congolais lambda, ou un chef religieux, ou une autorité politique, ce livre s'adresse à vous et vous montre la voie à suivre pour sortir votre peuple de la sauvagerie, de la barbarie, de l'insécurité endémique, de la pauvreté, du chômage injustifié et élevé, et des pillages de ses ressources naturelles dans lesquels votre idolâtrie le range.

Et cette solution c'est la destruction sans délai de l'idolâtrie sur toute l'étendue du territoire national.

Lubumbashi, le   07 juin 2024
Kamango Selemani Sheta - Sheta
Le Saint Messager de l'Evangile éternel

Introduction

Fondée le 6 avril 1921 par Simon Kimbangu, mais fortement combattue par les Autorités d'alors, l'Eglise kimbanguiste a fini par envoûter l'Etat colonial qui l'a reconnue officiellement le 24 décembre 1959. Et comme on devait s'y attendre, elle vient de séduire également l'Etat Congolais qui vient, par son ordonnance numéro 023/042 du 3 avril 2023 de décréter le 6 avril de chaque année comme jour férié légal en RD Congo, en souvenir du combat de Simon Kimbangu et de la conscience africaine.   C'est du moins ce qu'on nous fait croire dans le monde des sens. Mais dans le monde métaphysique, la vérité est que le gouvernement congolais, a, à la demande des kimbanguistes, décrété le 6 avril jour férié pour célébrer l'idolâtrie kimbanguiste. Car Kimbangu est une idole et non un saint serviteur du Dieu Très-Haut. Quiconque revendique ou reçoit l'adoration comme le Dieu Très-Haut est une idole. Kimbangu et les Kimbanguistes revendiquent l'adoration pour Simon Kimbangu. D'où Simon Kimbangu est une idole et partant un ennemi de Dieu et du Christ. C'est ce que nous tâcherons de démontrer dans le présent message.

Disons d'emblée que la RD Congo n'a pas de chance. Elle est maudite. Vous vouliez savoir pourquoi le Congo Kinshasa ne décolle pas ? Eh bien c'est parce qu'il multiplie l'idolâtrie en faisant des ennemis de Jésus-Christ ses propres alliés. Son gouvernement sacrifie le travail et l'argent du pays aux idoles d'or, d'argent, d'airain, de pierre, et de bois qui ne peuvent ni voir ni marcher ni entendre, ni sauver.

Hier c'était KADIMA Bakenge Musangilayi, une divinité Lulua-Kanangaise de triste mémoire, que l'Etat Zaïrois a déifiée en lui octroyant une personnalité juridique afin que les Zaïrois et le reste du monde l'adorent. Mais Kadima et son église évangélique des sacrificateurs se sont révélés être une malédiction pour le pays. Assurément, à cause de la reconnaissance de Kadima comme Christ par le gouvernement zaïrois, le Zaïre avait manqué l'objectif 80 où la croissance économique devait être de 6%. De plus, depuis l'avènement jusqu'à la mort de cet impie en Afrique du sud le 19 février 1998 des suites d'une maladie, comme meurt toute personne de race mortelle, le Zaïre n'a cessé de descendre aux enfers, ce qui a été caractérisé entre autres par une dépréciation en cascade de la monnaie zaïroise, comme l'avait attesté le journaliste KALONJI KALANTANDA dans son article intitulé « Le survol des grandes périodes de réforme du zaïre-monnaie », paru dans le journal Elima du 4 mars 1984.

Pendant ce temps une autre idolâtrie était en gestation, celle de Simon Kimbangu, dont les abominations et les miracles mensongers étaient contenus par les blancs colonisateurs en le maintenant en prison pendant 30 ans.

Le blanc parti, les restrictions qui étaient imposées à cette autre idolâtrie sautèrent. Et Kimbangu Simon est reconnu officiellement par le gouvernement RD congolais comme un monarque de droit divin et adversaire de Jésus-Christ.

Le lecteur veut savoir pourquoi nous disons que Simon Kimbangu s'est autoproclamé monarque de droit divin et donc adversaire du Christ Jésus. Telle est en vérité la face cachée de Simon Kimbangu que je m'emploie à vous dévoiler dans le présent écrit, face qui n'est pas exposée au grand public pour le maintenir dans l'ignorance, afin d'accorder à cet autre fils de la perdition l'adoration qu'il convoitait de son vivant et convoite encore dans le séjour des morts où il subit matin, midi et soir les flagellations, mange les matières fécales, boit les urines et couche sur un matelas de vers, à cause justement de ses innombrables mensonges.

Oui, je le dis tout haut, Simon Kimbangu n'est pas un chrétien, il n'est pas un disciple de Jésus-Christ de Nazareth, il en est un adversaire juré, à l'instar de beaucoup d'autres tels que le Pape de Rome, Muhammad, Krishna, Bouddha, Abd-ru-Shin, Bahaoula, Samuel Moon, et j'en oublie.

Mais tous ces maudits humains se déguisent en disciples de Jésus Christ ou en envoyés du Dieu Très-Haut venus au monde soit pour précéder le Christ soit pour le suivre afin de perpétuer et/ou d'achever l'œuvre du Fils de Dieu.

La bible certifie que Jésus-Christ a beaucoup d'ennemis. C'est notamment 1 Corinthiens 15 : 24-27 qui le dit. Psaume 110 : 1-3 abonde dans le même sens. 2Thessaloniciens 2 : 1-4 aussi. Mais vous ne vous êtes jamais posé la question de connaître ces ennemis de Dieu et de son Fils.

Moi, je vous en présente un aujourd'hui, c'est Simon Kimbangu de triste mémoire, ce RD Congolais originaire de Nkamba au Congo central, né le 12 septembre 1887 et décédé heureusement à Lubumbashi, le 12 Octobre 1951, après avoir purgé 30 ans de prison pour son arrogance, pour ses abominations, pour sa sorcellerie.

Qui a dit que Simon Kimbangu est un chrétien ou un envoyé de Jésus-Christ ? C'est vous. En tout cas ce n'est pas Simon Kimbangu lui-même qui l'a dit. De son vivant, Simon Kimbangu se considérait plutôt comme Dieu lui-même, comme l'égal du Christ, comme le Saint-Esprit, comme une troisième personne de ce qu'il a appelé la sainte trinité, et non comme un simple envoyé de Jésus de Nazareth.

Kimbangu se fait passer pour un agneau et pourtant il parle comme un dragon. A l'entendre, on comprend facilement qu'il est l'un des adversaires maquillés du Christ, et non son envoyé. Témoin cette publication des Kimbanguistes qui nous est parvenue comme par enchantement, afin de nous mettre à l'abri de cette grande idolâtrie congolaise.

Dans un dépliant distribué par les kimbanguistes de Lubumbashi à l'occasion de la fête du 12 Octobre 2021, nous lisons ce qui suit :

« Plusieurs apparitions ont été signalées dont celle du 29 juillet 1952 où il est apparu à LOWA auprès de ses disciples et il dira : « Qu'il y aura dans le monde une seule langue, une seule Eglise, et un seul Roi, moi-même KIMBANGU fils de BAKONGO ; j'ai vaincu le monde, et les clés des quatre coins du monde m'ont été remises par Jésus-Christ. », dépliant cité page 6.

Nous examinerons cette déclaration et plusieurs autres du même document à la lumière des saintes écritures, comme nous le recommande 1 Thessaloniciens 5 :20-21. Nous verrons alors si Kimbangu est véritablement un envoyé du Seigneur Jésus ou son adversaire, et si le gouvernement congolais nous a embarqués dans une aventure salvatrice en lui dédiant un jour férié, chômé et payé.

Chapitre 1

Une seule langue

Kimbangu affirme qu'il y aura dans le monde une seule langue. Ceci est faux et archifaux, et s'oppose farouchement à la vérité révélée en apocalypse 7. En effet, Apocalypse 7 : 9-16 montre qu'à la fin du présent système de choses, toutes les langues seront maintenues. Aussi il révèle l'existence des saints originaires de toutes les langues du monde. Depuis 100 ans que cette prophétie a été annoncée, on n'observe aucune tendance à la réduction des langues dans le monde. Au contraire les faits montrent une tendance à l'accroissement du nombre des langues, car même les langues déjà mortes sont en train de ressusciter. C'est notamment le cas de l'hébreu moderne. « Après 17 siècles de léthargie, l'hébreu, langue littéraire et religieuse, recouvre sa vitalité », peut-on lire sur internet.

Tout prophète qu'il prétend être, Kimbangu ignore la vision de Dieu qui dit que toutes les tribus de la terre seront présentes à la fin du monde, et qu'elles verront Jésus-Christ (Matt 24 :30). Or qui dit plusieurs tribus, dit plusieurs langues. Parlant du retour de Jésus pour rétablir le royaume de Dieu, Apocalypse 1 :7 déclare pour sa part, que toutes les tribus de la terre se lamenteront à cause du Fils de Dieu. Question : les tribus se lamenteront en quelle langue ? Chacune dans sa langue bien sûr. Aucun groupe humain ne peut être appelé tribu s'il n'a pas sa propre langue. Puisque donc la parole de Dieu parue avant Kimbangu atteste qu'il y aura plusieurs tribus au retour de Jésus-Christ, nous concluons qu'il y aura plusieurs langues dans le royaume de Dieu. Ce qui bat en brèche la thèse de Kimbangu. Donc il n'y aura pas une seule langue. Il va sans dire que la parole sous examen n'a pas été inspirée à Kimbangu par Dieu, mais elle lui a été inspirée par Stan. Il en résulte que Simon Kimbangu est un faux Prophète.

Chapitre 2

Une seule Eglise

L'idée est bonne, mais elle ne vient pas de Kimbangu. Elle vient de son Fondateur, Jésus-Christ, qui avait dès le commencement adressé une prière fervente à son Père, afin que tous ses disciples soient parfaitement un comme lui, Jésus, et son Père, sont un (Jean 17 : 20 – 23). Mais dire que c'est Kimbangu qui a été missionné pour réaliser l'unité de l'Eglise de Dieu, cela n'est pas évident. Car il n'a ni les moyens ni l'ascendance morale nécessaires pour la réaliser. En effet, il n'est pas saint pour pouvoir imposer la sainteté aux autres. Il n'a pas non plus un message fédérateur dans lequel tous vont se reconnaitre. Et l'Eglise continue à se diviser. Avant Kimbangu les sectes chrétiennes se comptaient sur le bout des doigts dans le monde. Après Kimbangu les sectes ont explosé, et elles se chiffrent à des millions d'entités indépendantes les unes des autres. Qu'est-ce que Kimbangu a fait en 100 ans d'activités pour endiguer la prolifération des sectes religieuses chrétiennes ?

Manifestement Kimbangu ne comprend pas ce qu'il dit. Sait-il ce qu'on entend par une seule Eglise ? Une Eglise une et multiple est celle où tous les croyants sont un même cœur et une même âme, où donc ils ont tout en commun, et où personne ne dit que ses biens lui appartiennent en propre (Ac2 : 44 ; 4 : 32-35). Sous ce rapport même les kimbanguistes ne sont pas un. Les faits montrent que la vision unitariste de Kimbangu consiste tout simplement à rassembler les croyants dans une dénomination portant un même nom, peu importe les divisions entre les membres. Sinon pourquoi les kimbanguistes laissent-ils prospérer les sectes ? Au Congo les kimbanguistes siègent dans les structures de la société civile aux côtés de quatre autres confessions religieuses, j'ai cité le Catholicisme romain, le Protestantisme, l'Eglise de réveil et l'Islam.
Chacune des entités chrétiennes précitées est totalement souveraine. Kimbangu n'ose même pas partager avec elles l'idée d'unifier les chrétiens. L'Eglise deviendra-t-elle une par un coup de baguette magique ? Vous avez compris que Kimbangu lui-même ne croit pas à sa prophétie. S'il y croyait il prêcherait l'unité de l'Eglise.

Pour lutter contre les divisions dans l'église du Seigneur et œuvrer efficacement pour son unité, il faut être intègre, humble et sobre, bref il faut être irréprochable. Or les kimbanguistes, à commencer par Kimbangu lui-même sont des pécheurs. Et j'en veux pour preuve cette scène que j'ai vécue dans la paroisse kimbanguiste située dans le voisinage de la faculté des lettres du campus universitaire de Lubumbashi, en date du dimanche

6 janvier 2019 entre 13 h 30 et 14 h00. Ce jour-là j'ai été arrêté, brutalisé et humilié par la jeunesse kimbanguiste au motif que j'ai tenté de traverser leur cour pendant qu'ils célébraient un office religieux dans leur édifice cultuel.

Or j'ai toujours passé par là en voiture, à moto ou à pieds car il y a dans cette cour une bureautique qui jouxte l'édifice cultuel, tenue par un certain Joseph, et que j'avais l'habitude de fréquenter pour mes travaux. Une bureautique étant un service public, les gens y entrent et en sortent sans aucune restriction. Et les kimbanguistes vivent de ce service. Curieusement ce jour-là ils vont s'en prendre à moi sans aucune raison valable, sans avoir préalablement supprimé la bureautique, et sans y avoir placé au préalable un signal portant interdiction de passage. C'est surtout lorsque j'ai déclaré que j'étais un fils de Dieu comme eux, car je suis baptisé au nom de Jésus-Christ, et que donc ils n'avaient pas le droit d'interdire à un fils de Dieu de passer par la cour de son père, qu'ils ont failli me lyncher. Trois d'entre eux me saisirent alors par les bras pour me projeter hors de la cour, en disant : vous n'êtes pas un membre de notre église, donc vous devez rebrousser chemin. Ils ont ajouté : c'est un règlement kimbanguiste. Personne à part les kimbanguistes ne peut entrer, encore moins traverser notre cour quand nous célébrons notre culte. Je leur ai dit : si le kimbanguisme était une religion non chrétienne, vous me traiteriez comme un étranger, un barbare, voire un païen. Mais maintenant vous dites que vous êtes une église de Jésus-Christ par son serviteur Simon Kimbangu, donc vous êtes la même église que moi. Ils me dirent : Nous ne sommes pas une église de Jésus-Christ, car Jésus n'a jamais fondé une église. Nous sommes une autre religion. Et chaque religion a son règlement. Et d'après notre règlement, vous ne pouvez pas passer ici pendant que nous célébrons un culte, même si vous êtes un chrétien. Finalement j'obtempérai et rebroussai chemin.

Mais dans mes reflexes de serviteur de Dieu et d'écrivain, je faisais tout cela pour leur tirer les vers du nez, sachant qu'un jour j'en parlerai. Ils ne savaient pas qu'ils avaient affaire à un envoyé de Jésus.

Ceux-là sont-ils vraiment des enfants de Dieu ? Sont-ils vraiment des disciples de Jésus ? Sont-ils conscients d'être investis de la mission d'unifier les chrétiens pour en faire une seule église ? Comment peuvent-ils unifier les chrétiens avec un comportement aussi ségrégationniste, en discriminant les chrétiens ? Il y a vraiment un abîme entre ce qu'ils disent et ce qu'ils font à propos de l'unité de l'Eglise. En tout cas, celui qui a été investi de la mission de vaincre les divisions dans l'Eglise de Dieu et d'œuvrer pour son unité ne se comporterait pas ainsi à mon égard. Il saisirait plutôt l'occasion pour me remplir de son message d'unification des chrétiens.

Ce qui est vrai est que depuis que cette parole a été émise, Kimbangu n'a rien fait dans le sens d'unifier les chrétiens. En revanche, le kimbanguisme s'est constitué en une secte de plus, en une division de plus, comme les mille et une autres qui opposent les disciples de Jésus. En plus, il se contente de collaborer avec les autres sectes chrétiennes sans jamais les inciter à œuvrer pour l'unité de l'Eglise du Seigneur. Quelle incohérence ?

Chapitre 3

Un seul Roi, moi-même KIMBANGU, fils de BAKONGO

Kimbangu déclare qu'il y aura dans le monde un seul roi, lui-même KIMBANGU, fils de BAKONGO.

Cette déclaration est un défi que Kimbangu lance à Dieu et à son Christ à partir du sol congolais. Elle met en lumière les intentions occultes de Kimbangu. Cette déclaration montre bien que Kimbangu est un rival camouflé de Jésus-Christ. En effet, tout en alléguant qu'il est un envoyé spécial de Jésus-Christ, Kimbangu se dispute néanmoins avec lui le poste de Roi du monde. Allez-y comprendre quelque chose.

En effet, la bible atteste que le Roi du monde est le Fils de l'homme selon Daniel 7 : 13 – 14. Et ce Fils de l'homme, c'est l'agneau de Dieu, c'est Jésus de Nazareth. En apocalypse 17 : 14, le roi du monde est appelé l'agneau de Dieu. Simon Kimbangu n'est point l'agneau de Dieu, il n'est pas non plus le Fils de l'homme évoqué en Daniel 7 :13-14. Il dit lui-même qu'il est le fils de Bakongo. Donc il ne peut pas ceindre le diadème de Roi des rois. Le poste est déjà occupé par Jésus - Christ.

Par ailleurs, la bible précise que l'homme qui doit recevoir cette royauté est un rejeton de David, conformément à apocalypse 5 :5-7. A ce que je sache, Kimbangu n'est point de la tribu de Juda, encore moins un rejeton de David. Il dit lui-même : « il y aura dans le monde un seul Roi, moi-même KIMBANGU, fils de BAKONGO ». Kimbangu est un fils de Bakongo et non de David. C'est lui-même qui le dit.

Et pour être ce roi-là, Kimbangu devrait être intronisé par le Dieu Très-Haut conformément à Daniel 7 :9-14, puis recevoir le livre scellé de sept sceaux conformément à apocalypse 5 :1-13, ensuite prêter serment devant Dieu conformément à apocalypse 10 : 5-7, et par la suite se mettre à ouvrir les sept sceaux du livre scellé conformément à apocalypse 6, et enfin livrer un combat contre la bête écarlate et ses alliés conformément à apocalypse 17 :10-14.

Croit-il que cette monarchie se ramasse comme on ramasse des œufs abandonnés ? Il se trompe lourdement.

D'ailleurs la bible atteste qu'une seule créature a été trouvée digne de recevoir le livre scellé de sept sceaux, et c'est l'agneau, qui est Jésus-Christ. Kimbangu connait-il le contenu du livre scellé de sept sceaux ?

S'il le connaît, qu'en a-t-il enseigné à ses disciples ? Les kimbanguistes connaissent-ils le livre scellé de sept sceaux ? Pourquoi ne l'enseignent-ils pas ? En tout cas, nous avons fouillé les bibliothèques, surfé sur internet, interrogé les kimbanguistes, mais nous n'avons trouvé nulle part un enseignement authentiquement kimbanguiste sur le livre scellé de sept sceaux, communément appelé apocalypse.

Kimbangu connait-il la signification du serment que l'agneau a prêté devant Dieu après son couronnement ? Qu'a-t-il dit aux kimbanguistes à ce sujet ?

Cela fait plus de 100 ans que le kimbanguisme existe dans le monde, mais nous n'avons trouvé nulle part son enseignement sur toutes ces grandes questions, sinon une prétention ridicule à la royauté de droit divin.

En prétendant au même poste de Roi du monde que Jésus, Kimbangu se révèle être l'adversaire de Jésus et non son envoyé. Car par définition, un adversaire, c'est celui qui se dispute avec un autre une même chose.

Comment à la lumière des contradictions entre les élucubrations de Kimbangu et la bible le Gouvernement congolais et les Kimbanguistes peuvent-ils croire que Kimbangu est un envoyé de Dieu ? Dieu est lumière mes amis, et il n'y a point de ténèbres en lui comme vous en trouvez chez Kimbangu. Et si quelqu'un dit qu'il est un envoyé de Dieu, et qu'il marche dans les ténèbres, comme Simon Kimbangu, il ment et il ne pratique pas la vérité (1 Jean 1 : 5-6).

Kimbangu est donc un menteur, un imposteur. Kimbangu est un hérétique. Kimbangu n'est qu'un arrogant, un insensé. Mais un insensé qui a réussi à prendre les congolais et leur gouvernement pour des idiots, au point de décrocher un jour férié dans le calendrier du pays ! Quelle abomination !!!

Même en admettant le principe de délégation du pouvoir, Jésus ne peut donner à Kimbangu les clés du royaume de Dieu. Même pas les clés du royaume Kongo. Comment un homme sage comme Jésus peut-il laisser de côté toutes les perles de Dieu et donner à un pécheur, à un idolâtre, à un ignare comme Kimbangu les clés du royaume du monde ?

Si Kimbangu était intelligent, il comparerait ses prophéties aux saintes écritures parlant du monarque de droit divin pour voir si elles venaient de Dieu Très-Haut ou pas. Je constate malheureusement que Kimbangu n'avait pas suffisamment de ressources intellectuelles pour se livrer à une telle enquête. Alors il se contentait des miracles que son esprit inspirateur lui avait donné de faire pour accréditer ses paroles. Non, monsieur, les miracles ne sont pas la connaissance.

Chapitre 4

J'ai vaincu le monde

Et les clés des quatre coins du monde m'ont été remises par Jésus-Christ.

Un autre mensonge est celui-ci, il porte sur la victoire de Kimbangu sur le monde. Kimbangu dit : « J'ai vaincu le monde et les clés des 4 coins du monde m'ont été remises par Jésus-Christ. »

Faux et archifaux ! Le monde n'est pas encore vaincu (Romains 8 :19 – 24). Le monde sera vaincu un jour. Et nous savons par qui le monde sera vaincu. Est vainqueur du monde celui qui aura vaincu la bête et son image et sa marque et le nombre de son nom. La bible révèle les personnes qui vaincront le monde en ces termes :

Apocalypse 15 :2

Et je vis comme une mer de verre, mêlée de feu, et ceux qui avaient vaincu la bête, et son image, et le nombre de son nom, debout sur la mer de verre, ayant des harpes de Dieu.

La mer de verre représente le trône de Dieu, selon apocalypse 4 : 6. Donc les personnes qui vaincront le monde sont celles qui auront vaincu la bête, et son image, et le nombre de son nom. Car ce sont elles qui apparaissent autour du trône de Dieu. Or Kimbangu n'a jamais affronté, combattu la bête et son image, et sa marque, et le nombre de son nom. En tout cas il n'y a aucune trace d'un tel combat.

Comment peut-il se proclamer vainqueur du monde ? Quel est ce monde qu'il a vaincu, s'il exclut la bête, et son image, et sa marque, et le nombre de son nom ? Et comment Jésus-Christ, qui est la lumière du monde, peut-il se méprendre jusqu'à remettre les clés du monde à une nullité comme Kimbangu ?

Apocalypse 17 :12-14 :

Les dix cornes que tu as vues sont dix rois, qui n'ont pas encore reçu de royaume, mais qui reçoivent autorité comme rois pendant une heure avec la bête. Ils ont un même dessein, et ils donnent leur puissance et leur autorité à la bête. Ils combattront contre l'agneau et l'agneau les vaincra, parce qu'il est le Seigneur des seigneurs et le Roi des rois, et les appelés, les élus et les fidèles qui sont avec lui les vaincront aussi.

Ce verset révèle que celui qui vaincra le monde c'est l'agneau de Dieu. Et l'agneau n'est autre personne que Jésus de Nazareth.

Le verset est écrit à l'indicatif futur pour souligner que ce combat et cette victoire étaient encore futurs à l'époque où le livre d'apocalypse était descendu sur l'Apôtre Jean. Il indique aussi que cette victoire n'est pas une victoire individuelle, mais une victoire collective de tous les saints regroupés autour de leur Chef, le Seigneur Jésus, qui est le Seigneur des seigneurs et le Roi des rois.

Ce verset dévoile par ailleurs les ennemis à vaincre. Ils s'appellent la bête et les dix cornes. Les dix cornes représentent ici l'image de la bête dont il est question dans le verset précédent. Ainsi qu'on le voit, vaincre le monde, c'est vaincre la bête, et son image, et sa marque, et le nombre de son nom.

Ailleurs Dieu promet la première résurrection, et l'immortalité, et la sacrificature, et la royauté à ceux qui auront été décapités à cause du témoignage de Jésus, et à cause de la parole de Dieu, pour n'avoir pas adoré la bête, ni son image, et pour n'avoir pas reçu la marque de la bête (Apo 20 :1-6). Voilà les vrais vainqueurs du monde.

Question : Kimbangu a vaincu qui, quoi, où, quand et comment ? Quelles sont les preuves matérielles, morales, et spirituelles de sa victoire ? Où sont ses dépouilles ? Où sont ses victimes ? Où est son butin ? Qui en sont les bénéficiaires ?

Le malheur des kimbanguistes, c'est qu'ils ignorent la bête, son image, sa marque, et le nombre de son nom. Ils ignorent également Babylone la grande. A cause de cette ignorance plurielle, ils pactisent avec ces derniers à leur propre dommage. Et ils chantent une victoire qui n'en est pas une. Kimbangu est un rêveur, qui rêve qu'il mange et se réveille le ventre vide.

En effet, si Kimbangu avait vaincu le monde, la situation sociale des noirs pour lesquels il se bat se serait déjà notablement améliorée. Il nous revient cependant que la situation sociale des noirs en général et des congolais en particulier est devenue pire que durant la colonisation. On signale par exemple que les congolais se classent parmi les 5 pays les plus pauvres de la planète, que 75% d'entre eux vivent avec moins de 2 dollars par jour, que 10 % seulement d'entre eux ont accès à l'eau potable et à l'électricité, que 19% d'entre eux ne savent ni lire ni écrire. Cela n'a jamais été ainsi durant la colonisation.

On fait observer par ailleurs que la xénophobie et l'épuration ethnique ont sévi dans le pays faisant beaucoup de morts dans toutes les provinces notamment entre Katangais et kasaïens au Katanga, Hema et Lendu dans la Province orientale, Luba et Lulua au Kasai, Nyanga et Hutu au Nord-kivu, pour ne citer que les plus médiatisés. Tout cela se passe au nez et à la barbe de Simon Kimbangu, Dieu le Saint-Esprit, qui y assiste impuissant. De telles scènes n'ont jamais existé durant la colonisation, et s'il en fut jamais, elles n'ont jamais prospéré. Ceci marque la déliquescence de l'Etat.

Si Kimbangu avait vaincu le monde, il ne mourrait pas de maladie comme meurt toute personne de race mortelle. Non, il serait décapité à cause du témoignage de Jésus et de la parole de Dieu (Apo 6 :9-11 ; 20 :1-4). C'est ainsi que doit mourir toute personne de race éternelle (Apo 6 :9-11 ; 20 :1- 6). Or étant mort de maladie, la parole de Dieu le range automatiquement parmi les pécheurs, ceux qui ne reviendront point à la première résurrection, ceux qui n'ont point droit à l'immortalité, et donc qui ne sont ni saints ni sacrificateurs de Dieu et du Christ, ni corégents du Fils de Dieu (Apo 20 :4-6). Vous comprenez que le type de mort que Simon Kimbangu a subie trahit sa diabolicité, et devrait servir de preuve pour les congolais que leur compatriote n'est point un prophète du vrai Dieu. Malheureusement les congolais sont des maudits. Ils ont les yeux pour voir mais n'aperçoivent point, ils ont un cœur pour comprendre mais ne saisissent rien, ils ont les oreilles pour entendre mais ils ne comprennent point.

Si Kimbangu avait vaincu le monde, il ne se prostituerait point avec la bête et son image, et il ne recevrait point sa marque et le nombre de son nom, chose que le Dieu Très-Haut a en horreur (Apo 14 :9-11). Or maintenant il se prostitue avec le pouvoir d'origine satanique, à savoir l'Etat, et s'est plongé dans le luxe comme les serviteurs de l'Etat, choses que l'Eternel Dieu a en abomination (Apo 18 :6-7). Il collabore donc avec le pouvoir du blanc alors qu'il ambitionne de prendre sa place. Donc il fait lui-même partie des royaumes d'ici-bas. Il est donc un ennemi du royaume de Dieu. Comment Jésus-Christ peut-il donner les clés du royaume de Dieu à un tel démon ? Voilà un mensonge éhonté.

L'histoire du Kimbanguisme nous apprend que les kimbanguistes se sont prostitués avec la bête écarlate qu'ils sont censés combattre, chose que le Dieu Très-Haut abhorre selon apocalypse 17 : 10-14. La preuve en est que les kimbanguistes collaborent avec les Etats de ce monde fermant les yeux sur leurs péchés, chose que l'Eternel, le Dieu de Jésus hait selon apocalypse 18 : 9-12.

En effet, dans une vidéo qui circule dans les réseaux sociaux, et que nous avons interceptée ce samedi 1 juin 2024 pendant que nous étions en train de rédiger le présent ouvrage et ce, par la grâce de Dieu qui tient à dévoiler la diabolicité de Kimbangu, on voit une propagandiste kimbanguiste en train de se féliciter de la conduite des affaires étatiques congolaises par Simon Kimbangu. Elle affirme sans froid aux yeux que tous les chefs d'état qui ont dirigé le Congo depuis Kasa Vubu jusqu'à Felix en passant par Mobutu, Mzee Kabila et Joseph Kabila, ont été établis par Simon Kimbangu. Fait confirmé partiellement par Mobutu Sese Seko que la même vidéo montre en train de prononcer une oraison funèbre à la mort de Diangienda, dans laquelle il reconnait avoir reçu une prophétie de ce dernier prédisant son accession au pouvoir.

Mais qui est ce Mobutu-là dont se vantent les kimbanguistes ? N'est-ce pas ce despote qui a instauré dans cette région du monde un des règnes les plus ténébreux et les plus sanglants de l'histoire de l'humanité moderne ? Mobutu a reçu un pays très viable lui légué par les blancs, mais en 32 ans de règne chaotique il l'a retourné au moyen-âge où les ancêtres des congolais vivaient dans des huttes de boue et de paille, sans eau potable, sans électricité, sans routes, sans infrastructures scolaires, hospitalières, sociales, sportives, récréatives dignes d'un pays réputé scandale géologique, hydroélectrique, en terres arables, et en biodiversité.

Jusqu'ici nous savions que Mobutu est un despote que les blancs ont établi pour les singer. Aujourd'hui nous savons grâce à cette vidéo que Kimbangu et les blancs ont collaboré pour placer Mobutu à la tête du Congo. Les congolais doivent donc savoir que tous les malheurs qu'ils ont connus sous le règne de Mobutu venaient de Simon Kimbangu.

Quand donc Kimbangu dit qu'il a vaincu le monde, il veut dire en fait qu'il a vaincu les congolais. C'est pourquoi tous les congolais ont souffert durant le règne de Mobutu. En effet, qui a profité du règne de Mobutu ? Personne si ce n'est Mobutu lui-même et son clan, et ses maitres occidentaux, ainsi que les kimbanguistes. Les faits montrent que le kimbanguisme a prospéré sous cette dictature. C'est sous le règne de Mobutu, effectivement, que les kimbanguistes ont bâti de grands temples de prière, des écoles, des centres de santé. C'est sous Mobutu qu'ils se sont répandus à l'extérieur du pays. Pourquoi ? Parce qu'ils commettaient le concubinage politique avec le pouvoir en place.

N'eût-été l'intervention des blancs que Kimbangu maudit, nul ne pourrait mettre fin à cette dictature. Heureusement, le 17 mai 1997 les blancs y ont mis fin. Tel n'est pas le mérite de Kimbangu. Son dieu n'a rien fait après avoir pourtant fait la promesse de les délivrer de la domination des blancs.

Peut-on dire dans ce cas que le kimbanguisme a été d'une quelconque utilité pour les noirs, ou qu'il a travaillé pour la libération des noirs de la domination de l'homme blanc ? Kimbangu n'a donc aucune leçon à donner aux blancs. Il fait partie du problème et non de la solution aux souffrances de l'homme noir.

Comment une telle canaille peut-elle affirmer qu'elle a vaincu le monde et que les clés des quatre coins du monde lui ont été remises par Jésus-Christ ? Dire cela est un blasphème.

Par ailleurs Kimbangu n'affiche aucune préparation susceptible de délivrer les noirs de la puissance des blancs qui s'accroit d'année en année. Depuis que la prophétie de Kimbangu a été diffusée, les blancs et bon nombre d'autres peuples ont renforcé leur puissance militaire, sauf les noirs. Tenez : La Russie a obtenu sa première bombe nucléaire en 1948, elle possède actuellement 5889 têtes d'ogive. Les Etats-Unis ont obtenu leur première arme nucléaire en 1944, ils possèdent actuellement 5244 têtes d'ogive. La Chine s'est dotée de sa première bombe nucléaire en 1961, elle possède actuellement 410 têtes d'ogive. La France est titulaire d'une bombe nucléaire depuis 1966, elle possède actuellement 290 têtes d'ogive. Le Royaume-Uni est en possession de la bombe nucléaire depuis 1972, elle possède actuellement 225 têtes d'ogive. Le Pakistan a eu sa première arme nucléaire en 1998, elle possède actuellement 265 têtes d'ogive. L'Inde a obtenu sa première bombe nucléaire en 1974, elle possède actuellement 156 têtes d'ogive. Israël est titulaire d'une bombe nucléaire depuis 1967, elle possède actuellement 90 têtes d'ogive. La Corée du Nord a obtenu sa première bombe nucléaire en 2006, elle possède actuellement 50 têtes d'ogive.

Comme on le voit aucun pays des noirs n'est en possession d'une arme nucléaire pour se défendre et dissuader les prédateurs de l'envahir pour le recoloniser. Au moment où j'écris le présent message, les blancs, par la bouche du Général François Lecointre, chef d'état-major de l'armée française entre 2017 et 2021, envisagent de recoloniser l'Afrique noire pour défendre leurs intérêts.

Comment la prophétie de Kimbangu pourrait-elle se réaliser dans ces conditions ? Ne voyez-vous pas que les noirs se retrouvent pratiquement dans les mêmes conditions qui avaient prévalu lors de la conquête de leurs terres par les arabes et les blancs respectivement ? A l'époque les arabes et les blancs munis d'armes rudimentaires se sont rendus maîtres de leurs ancêtres. Que dire maintenant qu'ils sont en possession d'autant de têtes d'ogive de l'arme nucléaire ? Du côté de Kimbangu rien de tel n'est même pas en chantier. Il n'est donc pas exagéré de dire que Simon Kimbangu est un aventurier, et non un Prophète du Dieu Vivant.

Chapitre 5

L'homme noir deviendra blanc et le blanc noir

Telle est la prophétie dont se vantent les Kimbanguistes. Et pourtant cette parole ne vient point de Dieu pour plusieurs raisons.

Premièrement, elle exhale l'odeur du racisme. Dieu et Jésus-Christ ne font point acception de personnes (Deutéronome 10 :17 ; AC 10 :34 ; Ephésiens 6 :9). Ils traitent les blancs et les noirs sur un pied d'égalité. Ils ne peuvent donc pas dire : « L'homme noir deviendra blanc et le blanc noir ». Ce serait opposer, diviser les races, les dresser les unes contre les autres. L'Eternel Dieu est incapable d'une telle bêtise. Réaffirmant l'égalité des races qu'il a créées devant son trône, l'Eternel déclare : « Il n'y a plus ni Juif ni Grec, il n'y a plus ni esclave ni libre, il n'y a plus ni homme ni femme ; car tous vous êtes un en Jésus-Christ (Galates 3 :28). Conséquemment, un vrai prophète de Dieu ne peut sortir de sa bouche ni attribuer à Dieu une parole aussi discriminatoire (Colossiens 3 :11). On en conclut que Kimbangu qui a attribué à l'Eternel, le Dieu des prophètes, une telle parole est un faux prophète. Voilà pourquoi sa prophétie ne se réalise pas et ce, 100 ans après son émission.

Comme on le voit, toutes les races se valent devant le vrai Dieu. L'Eternel ne peut rendre aucune race supérieure aux autres tout simplement parce qu'elle est rouge ou jaune ou blanche. Une race deviendra supérieure aux autres si et seulement si elle choisit Jéhovah comme son Dieu, et s'engage à observer scrupuleusement ses commandements, ses lois, ses ordonnances, ses décrets, ses voies, et si elle obéit à sa voix (Deutéronome 26 : 16-19). Ce qui est loin d'être le cas avec les noirs qui s'illustrent plutôt par le polythéisme, l'idolâtrie, la corruption ainsi que par d'innombrables autres antivaleurs.

Deuxièmement, cette prophétie fait l'apologie de la violence. Contrairement à ce que racontent les kimbanguistes, cette prophétie n'annonce pas simplement l'indépendance des noirs, mais précisément l'assujettissement des blancs par les noirs. Pour l'indépendance, en effet, il suffit pour le colonisé de rompre tout lien de subordination entre lui et son colonisateur, et de devenir en droit un Etat libre et indépendant relevé de toute allégeance à l'égard d'un quelconque autre peuple du monde. Mais ce que promet Kimbangu est non seulement un affranchissement du joug colonial, mais en plus – et c'est ce qui échappe aux kimbanguistes – la domination, j'allais dire la colonisation de l'ancien colonisateur par l'ancien colonisé[1].   Ce qui présage d'un cycle infernal d'assujettissements réciproques des noirs et des blancs. Cette façon de voir les choses ne vient point du Dieu sage comme le Père de notre Seigneur Jésus-Christ. Car le vrai Dieu a promis de pacifier la terre, de faire de toutes les races un même peuple, de les mener paitre avec une même verge de fer, une même loi, de mettre fin à la guerre et à l'apprentissage de la guerre sur toute la terre, et d'être l'arbitre de plusieurs peuples. Voilà la solution aux conflits qui opposent les peuples de la terre (Esaïe 2 : 1-4 ; Jean 17 : 2122 ; Actes 4 : 32).

Décidément le discours de Simon Kimbangu est incohérent. Il oublie qu'il a dit quelque part qu'il sera le roi du monde entier. Mais dans le monde en question il y aura des noirs et des blancs comme sujets de sa couronne. A ce titre il aura l'obligation de protéger les noirs et les blancs sans préférence pour l'un au préjudice pour l'autre.

Troisièmement, cette prophétie trahit l'ignorance et l'injustice de son auteur. Pourquoi en effet le noir deviendra-t-il seulement blanc et pas arabe ?

Que dit le dieu de Kimbangu au sujet des relations tumultueuses qui ont prévalu entre les arabes et les noirs ? L'histoire atteste par exemple que ce sont les arabes qui ont organisé les premiers la traite négrière. Depuis le VIIème siècle les arabes se sont lancés dans le commerce des noirs, ce qu'on a appelé la traite négrière. Ils ont acheté et vendu les noirs comme du bétail.

Ils ont établi des comptoirs d'achat et de vente des noirs dans le Congo de Kimbangu, à Kasongo, à Nyangwe, dans le Maniema. Des sources concordantes ont chiffré à +/- 7 millions les noirs qui ont ainsi été vendus par les arabes.

Qu'est-ce que le dieu de Kimbangu a fait pour libérer les noirs de la traite négrière ? Ce sont plutôt les blancs que Kimbangu insulte, qui ont chassé les arabes et   mis un terme au commerce odieux des esclaves noirs.

Le dieu de Kimbangu ne voit pas tout ce mal. Il ne voit que le mal des blancs. Quelle étroitesse d'esprit ?   Où était-il quand les Arabes

---

[1] Si Kimbangu avait dit que l'homme noir sera blanc tout court, ce serait acceptable, compréhensible.   Car cette expression voudrait tout simplement dire que l'homme noir deviendra l'égal de l'homme blanc en droit, en liberté, en indépendance, en souveraineté. Mais dire que l'homme noir deviendra blanc et le blanc noir signifie la colonisation du blanc par le noir. Démarche qui engendrerait un cycle d'assujettissements réciproques qu'un Dieu sage comme Jéhovah ne peut planifier.

asservissaient les noirs, pillaient leurs trésors, et mettaient la main sur leurs richesses ? Dormait-il ?

Qu'est-ce que les blancs avaient fait contre les noirs de pire que ce que les arabes ont fait contre eux au 06 avril 1921 date marquant le début de la mission de Kimbangu, ou encore au 03 octobre 1921 date de sa condamnation à mort commuée en prison à vie ce, environ 6 mois seulement après son investiture ?

Certes la colonisation est venue des blancs européens, néanmoins nous ne devons pas dire que tous les blancs ont marqué accord, ont approuvé cette entreprise. Il est à noter que ceux qui ont mis fin aux abus constatés dans l'exploitation des richesses du pays, en l'occurrence le caoutchouc et l'ivoire, par l'Etat indépendant du Congo, ne sont pas des noirs. Ce sont d'autres blancs qui diligentèrent une commission pour enquêter sur place. Ce qui précipita l'annexion du Congo à la Belgique en 1908, et la fin de l'E.I.C[2].

Or quand l'E.I.C. continuait à couper les mains des noirs qui ne fournissaient pas le caoutchouc et l'ivoire demandés Kimbangu était déjà né avec sa vocation prophétique, parce qu'il dit que la prophétesse Dona Beatrice Kimpavita avait prédit en 1704 sa venue comme libérateur. Kimbangu a pris sa pensée pour la pensée du Très-Haut. C'est pourquoi il y a beaucoup d'erreurs, beaucoup d'incohérences, beaucoup d'ignorances, beaucoup d'injustices dans ce qu'il a dit.

Tous les noirs ne seront jamais supérieurs à tous les blancs, ni tous les blancs supérieurs à tous les noirs. Même au moment de la colonisation, tous les blancs n'étaient pas supérieurs aux noirs. Il y avait des blancs qui étaient réduits en esclavage chez eux par d'autres blancs. Peut-être Kimbangu l'ignorait. Quand nous pensons à **l'inquisition, par exemple**, nous ne pouvons pas dire que les blancs traitaient tous les autres blancs avec considération. Quand nous pensons aux guerres de libération des treize colonies britanniques du joug de la Grande Bretagne, guerre qui ont débouché sur l'indépendance des Etats-Unis en 1776, nous ne pouvons pas dire que les blancs traitaient d'autres blancs avec respect.

Kimbangu ignore que dans toutes les races il y a des personnes dont le nom n'a pas été écrit dès la fondation du monde dans le livre de vie de l'agneau qui a été immolé. Ces personnes-là sont au service de la bête écarlate selon apocalypse 13 : 8. Or l'entreprise coloniale a été initiée par la bête écarlate selon Daniel 2 : 40-43.   Si des blancs seront des noirs

---

comme a dit Kimbangu, ce sont ces blancs-là qui étaient et qui sont au service de la bête écarlate, et pas tous.

Or nous constatons avec apocalypse 13 :8 que la fameuse bête à la base de la colonisation a des adeptes, des partisans dans toutes les tribus de la terre y compris dans les tribus des noirs, en l'occurrence dans la tribu de Simon Kimbangu. C'est Dieu qui l'a dit. Dans ce cas quel est ce blanc qui deviendra noir et quel est ce noir qui deviendra blanc ? Egarement sur égarement !

Quatrièmement, le dieu de Kimbangu est incapable de réaliser sa promesse. La preuve en est que depuis 100 ans Kimbangu n'affiche aucune volonté de changement positif, ni aucune préparation digne de cette ambition : ni sur le plan politique, ni sur le plan économique, ni sur le plan militaire, ni sur le plan sécuritaire, encore moins sur le plan spirituel. Le roi Kimbangu fera-t-il la guerre au roi des blancs sans aucune préparation ? Cela est contraire à la parole de Dieu (Luc 14 : 31-32).

Sur le plan politique, par exemple, les congolais ont établi sous le règne de Kimbangu l'une des dictatures les plus sanglantes du monde avec le Marechal Mobutu. Après Mobutu, ils ont organisé quatre cycles électoraux tous émaillés de fraudes et de corruption qui ont plongé le pays dans une crise profonde de légitimité dont il peine à se relever. Où était Kimbangu, car il est dit qu'il est vivant étant ressuscité des morts le 14 octobre 1951 ? Les Kimbanguistes n'ont jamais dénoncé ces fraudes électorales. Au contraire ils ont été parmi les premiers à reconnaitre, à saluer et à féliciter les vainqueurs de ces cafouillages électoraux. Est- ce comme ça que Kimbangu entend diriger le monde tout entier, puis que c'est lui qui a reçu les clés du royaume de Dieu ? Est-ce ainsi qu'un peuple, un prophète, et un dieu qui s'allient pour renverser un autre peuple, en l'occurrence le blanc, doivent se comporter ? De l'indépendance du Congo en 1960 à ce jour qu'est-ce que les noirs du Congo ont fait de remarquable qui indique qu'ils cherchent sérieusement que le noir devienne blanc et le blanc noir ? Car en 100 ans le noir n'est même pas encore parvenu à assurer sa souveraineté administrative, territoriale, économique, militaire, et sécuritaire.

Sur le plan sécuritaire, le dieu de Kimbangu est incapable d'éradiquer l'insécurité qui a élu domicile dans la partie Est du pays et qui a déjà causé la mort de plus de dix millions des noirs qu'il prétend défendre. Il est clair que le dieu de Kimbangu n'est pas Jéhovah, le Dieu d'Israël, puissant dans les lignes des batailles. En effet, quand Jéhovah, le Dieu de Moise et de Josué, le Dieu de Gédéon et de Samson, le Dieu de Saul et de David, le Dieu de Judith et d'Esther, décrétait une guerre, les ennemis pâlissaient, leurs armées tremblaient comme une feuille et s'effilochaient, les villes tombaient comme un fruit mur, et aucune perte n'était enregistrée dans les rangs du peuple de Dieu. Mais le dieu de Kimbangu s'accommode des violences et compte sur les mêmes blancs qu'il a maudits pour l'aider à chasser l'ennemi.

Sur le plan économique, n'en parlons pas. Aucune amélioration notable n'est observée dans le pays de Kimbangu, et cela 100 ans après avoir prophétisé le noir sera blanc et le blanc noir. Le pillage des ressources naturelles négro-africaines commencé durant la colonisation se poursuit aujourd'hui encore de la pire manière. Et les kimbanguistes n'ont que leurs yeux pour pleurer. A l'heure qu'il est, les blancs sont en train de mettre en place des politiques économiques pour empêcher les noirs de se développer. Ils tiennent à les maintenir dans le statut de simples acheteurs des produits fabriqués par les blancs, et de fournisseurs des matières premières. Les blancs disent : « Aucun pays riche n'a intérêt à ce que l'Afrique se développe trop ». Il suffit pour eux que l'Afrique soit suffisamment riche pour acheter leurs biens, et suffisamment stable pour qu'ils puissent lui acheter les biens dont ils ont besoin : l'énergie et les matières premières. Le bonheur des blancs passe donc par le maintien de l'Afrique dans une situation intermédiaire. Les experts affirment qu'à considérer la configuration actuelle de l'Organisation mondiale du commerce (OMC), il est très difficile de développer les pays africains. Car ils n'ont pas les manettes du développement : les noirs n'ont pas accès au financement, ils ne maitrisent pas le bien principal qu'ils produisent, et ils ne contrôlent pas le volume et le prix du bien principal qu'ils produisent. Les experts ajoutent que les pays africains sont incapables d'articuler des stratégies claires et capables d'impulser leur progrès.

Quelle est la réplique du kimbanguisme pour que le noir devienne réellement blanc et le blanc noir, comme il l'a dit ? Rien. Kimbangu ne participe même pas à tous ces débats. Il se contente des dîmes, des dons, et des legs de ses bienfaiteurs. Est-ce comme ça qu'il va libérer les noirs?

Sur le plan spirituel, le kimbanguisme est incapable d'offrir aux noirs ce que ses congénères offrent à leurs peuples. En effet, durant les 100 ans qui ont suivi la prophétie sus évoquée, le catholicisme romain, l'Islam, le Shintoïsme, le Bouddhisme, et l'Hindouisme ont fait des merveilles pour leurs peuples. Assurément, soutenu par son Shintoïsme, le Japon est devenu le sommet constant de l'innovation. Grâce à son Bouddhisme, la Chine est devenue la première puissance économique de la planète. En plus, elle est en train de tout dominer depuis sous la mer jusque dans l'espace. L'Inde quant à elle, aidée par son Hindouisme, est devenue la cinquième puissance économique du monde et s'est dotée de l'arme nucléaire. Grâce à l'Islam les arabes et les pays musulmans sont en train de prouver qu'on peut être puissant et prospère loin et au mépris de l'Eternel Dieu, le Père de Jésus-Christ, comme l'a prouvé le diable devant Jésus (Luc 4 :5-8). S'appuyant sur le Judaïsme, les juifs ont reconquis leur terre natale, rétabli l'Etat hébreu au Moyen- orient, fait de Jérusalem la capitale éternelle et indivisible de l'Etat d'Israël, et s'est doté de l'arme nucléaire. Soutenus par le Catholicisme romain, les blancs européens et américains dominent le monde, poursuivent tranquillement le pillage des richesses des peuples et font   briller leurs pays plus que pendant la colonisation. Entretemps, accrochés à leur Kimbanguisme, Kimbangu, les kimbanguistes, les congolais et leurs frères noirs africains et d'ailleurs en sont encore à mendier l'aide internationale au développement.

Et que dire sur le plan social ? Comparez la situation des blancs et des noirs durant les 100 ans qui ont suivi la prophétie de Simon Kimbangu, et concluez. La vie des noirs a-t-elle changé dans le bon sens ? Les villages des noirs ont-ils changé dans le bon sens ? Sont-ils modernisés ? Les huttes de boue et de paille sont-elles devenues des maisons décentes ? Les noirs de Kimbangu et d'ailleurs ont-ils accès à l'eau potable et à l'électricité ? Dans quelle proportion ? Le pays de Kimbangu et les autres pays des noirs sont-ils dotés d'infrastructures sanitaires, scolaires, sociales, sportives et récréatives adéquates ? Nous apprenons que leurs réseaux routiers, ferrés, fluviaux, lacustres, maritimes, et aériens se sont tellement dégradés depuis le départ des blancs, c'est-à- dire depuis l'indépendance, qu'ils ne représentent plus pour la plupart qu'environ moins de 20 % de ce qu'ils étaient durant la colonisation.

Tout est en train de s'écrouler ou de reculer dans le pays de Kimbangu, s'il ne pourrit tout simplement pas. Il s'observe que les noirs sont en train de retourner au moyen-âge, à la sauvagerie et à la barbarie ce, à une vitesse exponentielle.

Si la situation des noirs ne fait qu'empirer, en revanche, celle des blancs qu'il a chargés de malédiction, ne fait que briller davantage.

Du reste Kimbangu n'a ni un modèle politique, ni un modèle économique, ni un modèle social, ni un modèle sécuritaire, ni un modèle éducatif, ni un modèle de société tout court avec lequel se mesurer aux blancs. Alors les noirs deviendront-ils blancs par hasard, en les plagiant ?

Qui est le gagnant du combat de Kimbangu ? Si gagnant il y a, c'est peut-être la famille de Kimbangu qui s'est enrichie sans cause en captant et en s'appropriant les dons provenant des bienfaiteurs et sympathisants de leur père. Sinon, citez-moi un seul noir qui s'est enrichi comme cette famille au nom de la prophétie de libération de l'homme noir.

Peut-on à la lumière de pareilles réalités croire que le dieu de Kimbangu est un dieu vivant, qui dit et accomplit ce qu'il dit ? Non, le kimbanguisme ne vient pas du Dieu Très-Haut, mais de Simon Kimbangu seul ou des mânes de ses ancêtres.

Vous êtes en train de comprendre que « L'homme noir deviendra blanc et le blanc noir » est une chimère, une déclaration fantaisiste, une déclaration flamboyante ne tenant pas compte de tous les paramètres prophétiques afférents à la domination des blancs.

Peut-être Kimbangu dira-t-il que 100 ans c'est trop peu pour remporter la victoire sur le blanc. Je lui rappellerai moi aussi que les guerres de l'Eternel des armées, le Dieu dont il se réclame non seulement serviteur mais consubstantiel, sont des guerres éclairs qui n'ont pas besoin de beaucoup de temps.

En effet, Josué missionné par Dieu a conquis le pays de Canaan en un temps record. Saul, serviteur de Dieu, a battu, défait, vaincu, et exterminé le peuple Amalec en une journée de bataille. David, inspiré par Dieu, a vaincu les philistins conduits par le géant Goliath en quelques minutes de combat. Judith a délivré Israël de la menace d'Holopherne en quatre jours.

Même parmi les païens, nous avons assisté à des conquêtes éclairs lorsque ces derniers ont été approuvés par l'Eternel Dieu. C'est le cas des Mèdes conduits par Darius qui ont renversé en une nuit de combat les babyloniens qui trônaient à la tête du monde avec Belschatsar. C'est également le cas d'Alexandre le Grand qui a conquis le monde en10 ans en accomplissement d'une prophétie produite par l'Eternel (Dan 2 :36-45).

Un peuple soutenu par un Dieu puissant n'a pas besoin de beaucoup de temps pour en venir au bout de ses ennemis, de ceux qui le haïssent. Par conséquent 100 ans c'est amplement suffisant pour libérer les noirs du joug des blancs et traiter avec eux d'égal à égal sinon les vassaliser. Eux-mêmes les blancs, de combien de temps ont-ils eu besoin pour coloniser les noirs ? De 15 ans maximum comme l'atteste cette note lue dans l'histoire du Congo 6ème primaire, page 118, nous citons : « Vers la fin du XIXème siècle presque toute l'Afrique est conquise et partagée comme le montre la carte (fig. 11). Seuls le Libéria et l'Ethiopie échappent à la colonisation ». Partant de 1885 date de la conférence de Berlin, l'on comprend que la conquête de l'Afrique s'est réalisée en 15 petites années. S'agissant du Congo, nous lisons dans le même livre, à la page 126 ce qui suit : « Les révoltes portent dans l'histoire de notre pays le nom des « Batetela » et des « Arabisés ». Elles sont définitivement réduites en 1889 et c'est alors que le Congo est complètement pacifié ». Ici aussi, partant de 1885, la conquête du Congo s'est effectuée en 4 ans seulement.

Il n'est donc pas question de se réfugier derrière le prétexte fallacieux de temps pour justifier l'échec de la prophétie en vedette. Si la prophétie de Kimbangu venait de l'Eternel Dieu, vu la nécessité et l'urgence que revêtait la délivrance des noirs des souffrances liées à la traite négrière, à l'exploitation des ressources naturelles, aux corvées qui ont fait près de dix millions de morts sans compter les mutilations corporelles (les mains coupées, les flagellations, les différentes privations, châtiments exemplaires) , il y a longtemps que les noirs seraient devenus blancs et les blancs noirs selon les termes chers au kimbanguisme.

Ce qui est étonnant c'est que pour guérir les maladies il n'a pas fallu beaucoup de temps. Dès le 06 avril 1921, aussitôt appelé par son dieu aussitôt il s'est mis à délivrer les noirs des maladies, à créer des oiseaux à partir d'une plume, à restaurer des amandes pourries.[3] Pourquoi pour faire du noir blanc et du blanc noir la promesse se fait toujours attendre ? Est-ce à dire que pour Dieu il est plus facile de ressusciter les morts que de briser le joug colonial ?

---

[3] Dépliant sous examen page 4, trois derniers paragraphes.

Chapitre 6

Kimbangu Dieu le Saint-Esprit

Le dépliant susmentionné note en page 6 : *« Papa Simon Kimbangu est Dieu le Saint Esprit promit par Jésus-Christ, il demeure éternellement au monde avec nous comme il avait existé au commencement avec Dieu le Père et Jésus-Christ encore ESPRIT. »*

Fanfaronnade ! Même si Jésus-Christ avait fait la promesse d'une telle personne physique et non d'un esprit invisible comme martèlent les kimbanguistes, il n'en a pas désigné le nom pour que ce soit Kimbangu coûte que coûte. Il n'a pas dit expressément que cette personne « Dieu le Saint-Esprit », selon les kimbanguistes, s'appellera Simon Kimbangu. Il n'en a même pas donné les coordonnées géopolitiques et temporelles comme l'a fait Esaïe à propos du dernier Messager de Dieu évoqué en Esaïe 18, coordonnées permettant de situer l'envoyé de Dieu dans l'espace et dans le temps. Donc si Jésus-Christ a fait la promesse d'une telle personne, c'est à ses fruits qu'on la reconnaitra. S'agissant de Simon Kimbangu, la question que l'on est en droit de se poser est la suivante. Kimbangu a-t-il vraiment accompli dans le temps et dans l'espace tout ce qui était écrit du consolateur, tout ce que devait accomplir le consolateur que Jésus a promis ?

Dans le temps, Kimbangu est-il resté éternellement avec les disciples de Jésus-Christ ? Non. Dans l'espace est-il partout où se trouvent les disciples de Jésus ? Nullement. Les kimbanguistes parlent eux-mêmes de la disparition physique de papa Kimbangu[4]. Cela veut dire qu'il a cessé d'être avec les disciples contrairement à la vocation assignée par Jésus-Christ au consolateur et reprise en Jean 14 :15 à 17, écriture employée par les kimbanguistes pour accréditer leur thèse. Quand il était en prison 30 ans durant, il a cessé d'être avec les disciples, il a cessé donc de les consoler. Il souffrait lui-même atrocement, en étant tourmenté en prison, et en pareil cas il ne pouvait lui-même consoler personne.

Ailleurs il est écrit : « décédé le vendredi 12 octobre 1951 à Lubumbashi, il est ressuscité le 14 octobre 1951 et a été vu par beaucoup de gens. Plusieurs apparitions ont été signalées dont celle du 29 juillet 1952 qu'il est apparu à LOWA auprès de ses disciples (…). Il a vécu huit

---

[4] Dépliant P 1, préambule.

jours avec eux avant son ascension à 00H 00 au vu de ces derniers et des villageois pêcheurs ».

Remarquez que Kimbangu pouvait apparaitre puis disparaitre. Mais il ne pouvait pas demeurer éternellement et partout à la fois avec les disciples. Ce qu'il faisait, c'est du théâtre pour amuser la galerie. Quel travail du consolateur a-t-il fait durant cette apparition ? Ressuscité le 14 octobre 1951, il va apparaitre seulement le 29 juillet de l'année suivante. Quelle consolation a-t-il offerte, quelle lumière a-t-il répandue, quelle vérité a-t-il enseignée pendant ce temps, lui qui avait pour mission justement de déverser sur les disciples tout ce que Jésus-Christ n'avait pas eu le temps de dire aux premiers disciples ? Est-ce sérieux ça ? Ou alors Kimbangu a saboté la mission qui lui avait été confiée. Parce que nous ne voyons rien de spécial qu'il ait enseigné ni quand il était en prison ni quand il est ressuscité.

Rappelons que c'est en prison que Joseph avait répandu des lumières qui avaient fait parler de lui jusqu'à ce que Pharaon fît recours à son expertise pour interpréter un songe énigmatique. Kimbangu n'a rien fait durant ses 30 ans de prison si ce n'est quelques miracles. Or Jésus n'a pas dit qu'il avait des miracles qu'il ne pouvait pas faire à son époque et qu'il confierait à quelqu'un qu'il a appelé le consolateur. S'appropriant la mission du consolateur, mission éminemment intellectuelle, Kimbangu a accompli ce qui n'y était pas inscrit, les miracles. Il s'est vu incapable d'improviser des enseignements de la parole de Dieu, car il n'avait pas été envoyé pour ça par son mandant, qui est le diable. Il *savait que s'il s'aventurait à raconter des choses il serait vite découvert comme un menteur, car il se contredirait à tout bout de champ. Alors autant faire des miracles qui sont un domaine commun entre les envoyés de Dieu et ceux de satan.*

D'ailleurs, parlant des disciples, Kimbangu apparaissait à ses propres disciples et non à ceux de Jésus-Christ, qui avaient reçu la promesse du Saint-Esprit, du consolateur. Pourquoi Kimbangu n'a-t-il pas cherché à rencontrer les premiers disciples de Jésus, qui existaient déjà avant sa venue, à Jérusalem, à Antioche, à Constantinople, à Rome, à Alexandrie, et dans plusieurs autres villes et villages cités dans les saintes ecritures du nouveau testament ? Mais il s'est contenté d'une seule apparition, celle de LOWA au Congo-Kinshasa. Voilà comment il a restreint lui-même son champ d'action, indiquant qu'il n'était pas le consolateur promis par Jésus dont le champ d'action était universel, et qui connaissait bien tous les disciples de Jésus destinataires de la promesse de sa venue.

Remarquons par ailleurs que Jésus n'avait pas ajouté au consolateur le nom de « Dieu » pour lui donner l'appellation de « Dieu le Saint-Esprit ». Il a promis le consolateur, l'esprit de vérité, et non un « Dieu le Saint-Esprit » comme disent Kimbangu et ses fanatiques[5]. Rappelons aux kimbanguistes que Dieu interdit de falsifier sa parole en y ajoutant un rien et en en retranchant un rien. Ici visiblement Kimbangu a ajouté « Dieu » à « esprit de vérité », et propose au monde, aux disciples, une autre personne que le consolateur, une personne appelée « Dieu le Saint-Esprit », personne inconnue et de Jéhovah et également de Jésus de Nazareth, mais connue des kimbanguistes seuls. De ce fait KIMBANGU a menti, Kimbangu a péché, et s'expose aux châtiments réservés à ceux qui ajouteront ou retrancheront quelque chose de la parole de Dieu (Apo 22 :18-19). Ce faisant, il s'est disqualifié en tant que Prophète.

Il ne faut pas dire ici que Kimbangu demeure éternellement sans se faire voir par les disciples comme Jésus est avec les disciples sans se faire voir selon Matthieu 28 : 20. Non, puisque Kimbangu a écarté lui-même la possibilité d'avoir un consolateur « Esprit » mais un consolateur en « Chair », visible physiquement, il doit demeurer éternellement et physiquement visible et accessible par tous les disciples. C'est lui-même qui insiste sur cet aspect physique de sa présence. En effet, le Bureau de publication kimbanguiste, analysant les versets de Jean 16 : 12-13, relatifs à la promesse du consolateur, Esprit de vérité, conclut en ces termes : « Or contre les règles de la grammaire, le pronom est masculin pour désigner que le Saint-Esprit est une personne et non une chose. Ces textes nous prouvent que le Saint-Esprit est une personne humaine. » Et se contredisant comme cela arrive à des étudiants qui cherchent à percer le mystère de Dieu sans l'aide de Dieu, il écrit un peu plus loin : « vous conviendrez avec nous qu'il s'agit là bel et bien d'une personne. Le Saint-Esprit est Dieu, Dieu le Saint-Esprit, une personnalité divine, la troisième personne de la trinité qui est associée au Père et au Fils, et placé sur le même pied qu'eux. » Vous avez noté l'incohérence : le Saint-Esprit est une personne humaine et en même temps il est Dieu, la troisième personne de la trinité.

Honte à Kimbangu ! Si Kimbangu était Dieu, il n'allait pas mourir de maladie comme il est mort. Il n'allait même pas avoir besoin de ressusciter. Il était appelé à demeurer éternellement. Comment a-t-il pu mourir et ressusciter ? Incohérence sur incohérence. Mort le 12 octobre 1951 à Lubumbashi, lit-on dans le dépliant, Kimbangu est ressuscité le 14 octobre de la même année. Donc il n'est pas demeuré éternellement avec les disciples. Même s'il était mort pour quelques instants puis ressuscité,

---

[5] Traité sous revue, préambule, & Qui est papa Kimbangu.

il pécherait par rapport à la parole de Jésus qui le donnait éternel. Car pendant qu'il était dans le séjour des morts du 12 octobre au 14 octobre il ne s'occupait pas des disciples, il ne les conduisait pas dans la vérité. Autant dire que Simon Kimbangu est un imposteur qui ne comprend même pas ce qu'il dit. Comment une personne humaine peut demeurer éternellement avec les disciples disséminés dans toutes les nations du monde les enseignant à tout instant comme le veut la prophétie, sans être dotée de l'immortalité et du don d'ubiquité ? C'est impossible, c'est un mensonge. Et Kimbangu n'a pas prouvé qu'il possédait le don d'ubiquité. Par exemple, moi j'ai besoin de voir Kimbangu Dieu le Saint-Esprit, le Consolateur, l'Esprit de vérité, pour qu'il m'explique certains mystères. Que dois-je faire pour le rencontrer ? Ou bien sa mission est déjà terminée et que Jésus-Christ doit nous envoyer un autre consolateur ? Qui s'appellera comment ? Et pourquoi Kimbangu ne se fait-il pas voir, entendre ? On en conclut que Simon Kimbangu n'est pas le consolateur dont a parlé Jésus-Christ. Point, barre.

Kimbangu rend Jésus menteur. A écouter ses propos, Kimbangu rend Jésus menteur. Et vous voulez savoir comment et pourquoi ? Jésus a dit aux disciples : Et moi, je prierai le Père, et il vous donnera un autre consolateur, afin qu'il demeure éternellement avec vous (Jean 14 :16). Je ne vous laisserai pas orphelins, je viendrai à vous (Jean 14 :18). Cependant je vous dis la vérité : il vous est avantageux que je m'en aille, car si je ne m'en vais pas, le consolateur ne viendra pas vers vous; mais, si je m'en vais, je vous l'enverrai (Jean 14 :8). Mais si Kimbangu est ce consolateur, comme il le prétend, Jésus a donc menti, car les disciples sont restés orphelins de l'an 33, date de la mort et de la résurrection, et de l'enlèvement de Jésus au ciel à 1887 date de la naissance de Kimbangu, le Saint-Esprit, le consolateur promis. Trouvez-vous crédible la prétention de Kimbangu ? Question : oui ou non les disciples sont restés orphelins jusqu'à la naissance de Kimbangu ? La réponse est oui si l'on croit que Kimbangu est le consolateur promis. Dans ce cas la parole de Jésus a failli, car les disciples sont restés orphelins pendant environ 19 siècles. Ce qui montre que Kimbangu a rendu Jésus menteur. Quel blasphème !

En revanche la réponse est non, quand on sait que la promesse du consolateur s'est accomplie le jour de la pentecôte, soit 10 jours seulement après la disparition de Jésus. Dans ce cas on ne peut pas dire que les disciples sont restés orphelins. Car le Saint-Esprit est vite venu combler le vide créé par le départ de Jésus. D'ailleurs c'est le jour de la pentecôte que l'Eglise fut fondée, car Jésus avait dit aux disciples : « Et voici, j'enverrai sur vous ce que mon Père a promis, mais vous, restez dans la ville jusqu'à ce que vous soyez revêtus de la puissance d'en haut (Luc 24 :49). Très respectueux de cette instruction de Jésus, les disciples ne devaient rien faire sans le consolateur. Effectivement ils n'ont rien entrepris avant la venue du consolateur. C'est ainsi qu'ils se sont terrés dans une chambre haute jusqu'à la pentecôte (AC : 1 :12 - 14). Dans cette transition Jésus lui-même veillait sur eux. Dix jours après ils ont reçu le Saint- Esprit et ils ont commencé à prêcher l'Evangile. Si donc ils ont lancé leur témoignage le jour de la pentecôte, après avoir observé le silence pendant dix jours, c'est que le jour de la pentecôte le consolateur est venu vers eux. On en conclut qu'ils ne sont pas restés orphelins une seule seconde. Voilà une promesse et son accomplissement parfait.

Mais si on s'en tient à la version de Kimbangu, on constate que la promesse du Fils de Dieu a échoué, parce que les disciples sont restés quand même orphelins jusqu'à la venue de Kimbangu le 06 avril 1921, soit pendant plus de 19 siècles. Pendant 19 siècles les disciples attendaient toujours la venue du consolateur, selon Kimbangu. Pendant ce temps ils étaient qui ? Orphelins, n'est-ce pas ? Tant que les disciples sont restés orphelins même une minute seulement la promesse de Jésus a raté, ce qui le rend menteur. On en conclut que Kimbangu est non seulement un menteur, mais surtout un ennemi de Jésus, venu pour faire circuler des rumeurs, des bobards pour discréditer le Fils de Dieu. Dix-neuf siècles d'attente du consolateur, c'est trop pour que la version de Kimbangu soit crédible !

Si Kimbagu est le consolateur en chair, Dieu le Saint-Esprit, comme il ne cesse de le dire, il doit dire au monde comment son père, un humain à 100% a pu engendrer le dieu vivant. Avec quelle semence ? Et si le père de Kimbangu a engendré le Dieu vivant, c'est bien lui le père de Kimbangu, qui est le vrai Dieu, le Dieu suprême. Croyez-vous cela ? Non, c'est absurde. A la naissance de Jésus, personne n'avait la semence pour l'engendrer. Parce que Jéhovah seul avait cette semence. Et puis Jéhovah a observé des conditions extrêmement difficiles à remplir pour que l'enfant naisse saint. Entre autres la virginité de sa mère. Comment cette fois-ci le consolateur, Dieu Saint-Esprit qui est tout aussi un esprit comme la parole de Dieu faite chair en Jésus, a pu naitre d'une femme pècheresse avec une semence mortelle ? Mortelle car Kimbangu a fini par mourir de maladie comme meurt toute personne de race ou de semence mortelle.

Kimbangu dit que le consolateur, Esprit de vérité n'est pas un esprit, une puissance spirituelle, mais une personne physique comme lui, Kimbangu. Mais en lisant la promesse en Jean 14 : 16-18, 26 qui en parle, on observe que le consolateur était connu des disciples, contrairement à Kimbangu qui n'était connu d'aucun d'eux et qui n'est pas connu même maintenant de tous les disciples de Jésus (Jean 14 :17). Et Jésus de préciser : Vous le connaissez, car il demeure avec vous. Et de marteler : **et il sera en vous**. Pour être en vous il faut qu'il soit un esprit et non une personne humaine, physique, avec chair, et os. **Kimbangu, il est en qui ?** En personne, car il est une personne humaine avec le sang, l'eau, et les os. Il ne peut pas être en quelqu'un, mais à côté de quelqu'un, mais avec quelqu'un, comme Jésus était avec les disciples (Jean 14 :17). L'Esprit –Saint était en Jésus et Jésus était avec ou à côté des disciples. Si Jésus rentre auprès de son Père, l'esprit qui était en lui peut être donné aux disciples. Alors il sera en eux et non plus seulement avec eux.

La déclaration de Kimbangu ne vient pas de la parole de Dieu, mais est le fruit d'une analyse bâclée des saintes écritures parlant du consolateur. Et pour exercer une ascendance sur les humains, les exploiter, les asservir, les détourner, les déposséder de ce don merveilleux de Saint-Esprit qui devait être en chacun des disciples, pour conduire chacun d'eux dans toute la vérité, il a dit que le consolateur n'est pas le don du Saint-Esprit comme ce qui est survenu à la pentecôte, mais une personne physique comme lui, domiciliée à Nkamba au Congo Kinshasa. Mais la démonstration que je viens de faire ci-dessus le désarme totalement et met en lumière ses mensonges.

Le consolateur avait vocation aussi de conduire les disciples dans « toute la vérité ». Jésus a fait cette promesse après avoir remarqué qu'il avait encore beaucoup de choses à dire, mais que le moment n'était pas encore venu de le faire. C'est ainsi qu'il a laissé la charge au consolateur de dire tout ce qui est resté. Appliquons cette trouvaille à Simon Kimbangu, si c'est bien lui le consolateur, l'Esprit de vérité qui a été promis par Jésus. Qu'a-t-il dit aux disciples que Jésus n'a pas dit de son vivant sur la terre ? Qu'a-t-il dit aux disciples qui ne soit pas une redite des choses déjà publiées par les premiers disciples ?

Parmi les choses qui nécessitaient la lumière de l'Esprit de vérité, du Saint-Esprit, du consolateur, selon Jean 16 : 12-13, cité par les kimbanguistes eux-mêmes, Kimbangu n'a rien dit. Il en est ainsi notamment des deux sacrifices perpétuels, du péché dévastateur, du roi impudent et artificieux, du renversement du sanctuaire, des 2300 soirs et matins, des 1290 jours, des 1335 jours, des 70 semaines, des temps des nations, du foulage de Jérusalem, de la moisson, du jugement de Dieu, du réveil des dix vierges, de la nourriture au temps convenable, du rétablissement du règne de Dieu, de l'adversaire en question en 2 Thessaloniciens 2 :1-12 , du huitième roi, de la bête écarlate, de l'image, de la marque et du nombre du nom de la bête , de la bête à deux cornes semblables à celles d'un agneau, de la femme enveloppée du soleil, de l'intronisation du Fils de l'homme, de l'Evangile éternel, etc.

Le Saint-Esprit a été donné pour conduire les disciples dans toute la vérité. Ceci n'est pas le cas avec Kimbangu. En effet, l'Eglise kimbanguiste participe aux abominations des sectes religieuses chrétiennes en adhérant au conseil œcuménique des Eglises (COE) en 1969 et à la conférence des églises de toute l'Afrique (CETA) en 1974. Elle christianise la fête de Noel d'origine païenne. Et croyant pouvoir innover, elle fête son noël le 25 mai de chaque année, alors que les autres fêtent le 25 décembre. Elle montre par-là que les autres se sont trompés sur le mois. Qu'est-ce qui prouve qu'ils ne se sont pas trompés également sur le jour ?

Par ailleurs Kimbangu ne condamne ni ne dénonce Kadima Bakenge Musangilayi, qui a insulté Jésus, et s'est autoproclamé Souverain sacrificateur, et Christ revenu pour établir le règne de 1000 ans. Jésus a dit que lorsque le Saint-Esprit viendra il convaincra le monde (et non le Congo seulement) en ce qui concernant le péché. Mais depuis que Kimbangu Dieu le Saint-Esprit est venu au monde il n'a convaincu personne concernant le péché. Au contraire, et Kimbangu lui-même et ses adeptes, tous couchent dans le péché. En particulier, on ne les a jamais entendus parler du péché dévastateur, qui défrayera l'actualité à la fin du monde, comme cela ressort de Daniel 8 : 11-14. Non, ne prenez pas Kimbangu au sérieux, ne le craignez pas non plus. Ne le prenez pas pour un prophète. C'est un impie.

Nous avons montré que Kimbangu n'a pas accompli l'écriture qui a promis le consolateur, l'Esprit de vérité, le Saint-Esprit, ni dans l'espace, ni dans le temps, ni dans son appellation, ni dans la révélation des mystères restés cachés après le passage de Jésus-Christ sur la terre, ni dans son identité - il en fait une troisième personne de la trinité, ce qui est une monstruosité, car la trinité n'existe pas.

Chapitre 7

La sainte trinité

Le Bureau de Publication kimbanguiste écrit dans son dépliant en vedette ce qui suit : « Vous conviendrez avec nous qu'il s'agit là bel et bien d'une personne. Le Saint-Esprit est Dieu, Dieu le Saint-Esprit, une personnalité divine, la troisième personne de la trinité qui est associée au Père et au fils, et placée sur le même pied qu'eux. »

Cette parole est monstrueuse. C'est ce genre de parole que l'Eternel Dieu reproche au dévastateur et pour lequel ce dernier sera jeté dans le feu éternel (Daniel 7 : 25 ; 11 :36).

Kimbangu se vante d'appartenir à la sainte trinité. Quelle abomination ! C'est probablement cette déclaration qui achève de prouver que le fils de Nkamba est vraiment un faux prophète. Car quiconque reconnait la sainte trinité se rend coupable d'une parole monstrueuse dont le Dieu Très-Haut accuse le dévastateur, la Bête, le huitième roi, selon ce qui est écrit en Daniel 11 :36 et Apo 13 : 2-4. Pourquoi la trinité est une parole monstrueuse ? Parce qu'elle dit que le Fils de Dieu est consubstantiel au Père, et partant rend le Père une créature comme vous et moi. Ce qui est un blasphème. En effet, la trinité suppose l'existence d'une volonté par laquelle le Père, le Fils et le Saint-Esprit existent et par laquelle ils ont été créés. C'est donc cette volonté qui est le vrai Dieu et non Jéhovah, le Père de Jésus. Ceci est différent de considérer Jéhovah comme le Père de Jésus tout court. Car dans ce dernier cas Jésus existe par la volonté de Jéhovah et a été créé par la volonté de Jéhovah. Ils n'ont pas la même substance (Apo 4 :11). Or un vrai prophète ne peut se méprendre en corroborant pareille hérésie. Or quiconque soutient cette thèse parle contre l'Esprit. Kimbangu est de ce fait coupable d'un péché qui ne sera pardonné ni dans ce siècle ni dans le siècle à venir. Comment quelqu'un qui est gardé pour le feu éternel peut-il être reconnu comme serviteur de Dieu, et son Eglise autorisée à exercer ses activités abominables ?

Ajoutons que ce n'est pas une trouvaille, une vérité authentiquement kimbanguiste. Il a emprunté cette hérésie à l'Eglise catholique romaine qui a été elle-même influencée par le culte païen imposé par l'Empereur Constantin. Le catéchiste de Nkamba rumine bêtement ce que l'église catholique lui a enseigné dans la formation des catéchistes. C'est ça sa source et non le Saint-Esprit. Vous voyez que Kimbangu n'est pas un vrai prophète en dépit des miracles qu'il lui a été donné d'opérer. C'est un païen tout fait, un imposteur qui plagiait tout ce qu'il trouvait de sensationnel pour en faire une propriété intellectuelle à une époque où la vérité n'était pas encore suffisamment répandue. Peut-il défendre la thèse de la trinité ? Est-ce que chaque fois que trois personnes s'accordent pour marcher ensemble elles forment une trinité ?

Chapitre 8

Il convaincra le monde en ce qui concerne le péché

Décrivant la mission de Simon Kimbangu, l'union de la jeunesse kimbanguiste écrit ce qui suit : Rendre l'évangile de Jésus—Christ vivant c'est pourquoi Jésus-Christ a dit que quand il viendra, il convaincra le monde en ce qui concerne le péché, la justice et le jugement (Jean 16 : 7-11).

Concernant quel péché précis Kimbangu a-t-il convaincu le monde ou même les congolais seulement ? Cent ans après sa venue au monde, Kimbangu n'a rien apporté, rien révélé qui n'ait été dit par Jésus-Christ et ses apôtres. Par exemple, il ne dit rien sur l'adversaire dont il est question en 2 Thessaloniciens 2 :1-12.   Qui est l'homme du péché, le fils de la perdition, l'impie dont il est question dans cette écriture ? Kimbangu n'en parle pas. Qu'est-ce qui retient cet adversaire afin qu'il ne paraisse qu'en son temps ? Et quel est ce temps ? Kimbangu ne le dit pas.

Par ailleurs, Simon Kimbangu n'a jamais dénoncé Kadima Bakenge Musangilayi qui s'était auto proclamé Christ. L'église des sacrificateurs fondée par ce dernier continue à fonctionner librement dans le pays de Kimbangu, Dieu le Saint-Esprit. Qui est le vrai Christ pour Kimbangu, Jésus de Nazareth ou Kadima des Lulua ? Des sujets pareils ne devraient pas laisser Kimbangu indifférent. Parce que ce sujet divise et oppose les croyants. Les kimbanguistes ont peur de se prononcer là- dessus de crainte d'être attaqués à leur tour par les adeptes de Kadima. C'est ce qu'on appelle pacte de non-agression réciproque signé tacitement entre les faux prophètes.

Dans le même ordre d'idée, il ne dénonce jamais les collusions magiques entre les chrétiens, les autorités gouvernementales, les féticheurs et les chefs coutumiers du pays quand ils s'assemblent pour faire la guerre aux envahisseurs.

En outre Kimbangu n'a jamais dénoncé, encore moins révélé le dévastateur dont Dieu a promis le dévoilement à la fin du monde. Nous y sommes avec Kimbangu, Dieu le Saint-Esprit, mais il ne nous en dit rien.

Ce sont là quelques-uns des péchés et mystères sur lesquels le monde attend la lumière du Saint-Esprit. Mais Kimbangu, Dieu le Saint-Esprit, n'aborde pas ces questions cruciales.

D'autre part les saintes écritures prescrivent de sortir du milieu des pécheurs et de leur rendre au double le mal qu'ils ont fait (Apo 18 :4 – 8).

Mais Kimbangu dit de se prostituer avec eux. En effet, les Kimbanguistes sont spirituellement liés à Babylone la grande, aux musulmans, et aux autres églises appelées prostituées.

Bref, nous nous attendions à ce que Kimbangu, Dieu le Saint-Esprit, selon lui, nous apprenne le mystère de la bête écarlate, avec ses sept têtes, ses dix cornes, son image et sa marque. Nous nous attendions aussi à ce que Kimbangu dévoile le péché dévastateur et qu'il dise comment on le contracte (Dan 8 :11). Nous étions assoiffés d'apprendre aux pieds de Kimbangu ce que c'est le péché d'apostasie, et comment on le contracte (2 Th 2 : 1-4).

Malheureusement il est tout aussi dans les ténèbres que le commun des mortels. Et vous l'appelez Saint-Esprit, Prophète Simon Kimbangu, voire Dieu, le Saint-Esprit, et ce, parce que tout simplement il aurait guéri quelques malades et rendu conscient quelqu'un qui était dans le coma. Vous payerez cher votre complaisance et votre idolâtrie.

Simon Kimbangu ne peut pas convaincre le monde en ce qui concerne le péché. Il se vautre lui-même dans le péché, et Matthieu 7 : 15 le rend indigne de jouer ce rôle si noble. En effet, cette écriture déclare : *Ne jugez point, afin que vous ne soyez point jugés.*

Car on vous jugera du jugement dont vous jugez, et l'on vous mesurera avec la mesure dont vous mesurez.

Pourquoi vois-tu la paille qui est dans l'œil de ton frère, et n'aperçois-tu pas la poutre qui est dans ton œil ?

Ou comment peux-tu dire à ton frère : Laisse –moi ôter une paille de ton œil, toi qui as une poutre dans le tien ?

Hypocrite, ôte premièrement la poutre de ton œil, et alors tu verras comment ôter la paille de l'œil de ton frère.

Simon Kimbangu a une poutre dans son œil, il n'a pas qualité de dire au monde d'ôter la paille qui est dans son œil. Et vous me demandez quelle est cette poutre qui rend Kimbangu indigne de convaincre le monde en ce qui concerne le péché ? Le vrai Saint-Esprit nous a convaincu que Kimbangu a beaucoup de péchés dont celui de convoitise. En effet, Kimbangu convoite le poste de Roi du monde. C'est lui-même qui l'a dit, citation : **« Qu'il y aura dans le monde (…) un seul Roi, moi-même KIMBANGU fils de BAKONGO ; j'ai vaincu le monde, et les clés des quatre coins du monde m'ont été remises par Jésus-Christ. ».**

Bien que les saintes écritures crient haut et fort que ce poste avait été réservé au fils de David, au fils de l'homme et qu'il est déjà occupé longtemps avant sa naissance, Kimbangu continue à caresser le désir de s'emparer du poste de Roi des rois et de Seigneur des seigneurs.   Quelle audace ! Cela s'appelle la convoitise, péché qui consiste à transgresser le dixième commandement de la loi, qui dispose :

Tu ne convoiteras point la maison de ton prochain ; tu ne convoiteras point la femme de ton prochain, ni son serviteur, ni sa servante, ni son bœuf, ni son âne, ni aucune chose qui appartient à ton prochain. (Exode 20 : 17).

Le Poste de Roi du monde est une chose qui appartient à Jésus-Christ. Le convoiter c'est transgresser le dixième commandement de Dieu. Or, amorcé par la convoitise et incapable de se contenir, Kimbangu a déclaré à la face du monde qu'il convoitait le poste de Roi du monde bien que réservé à Jésus.   Et pour faire passer son message ou plutôt pour l'embellir, il ajoutera que c'est Jésus qui lui a donné ce pouvoir ayant vaincu le monde.   Dans ses ténèbres, il ignore que celui qui donne ce poste c'est Jéhovah, Dieu, et non Jésus (Dan 7 :9-14 ; Apo 5 :1-13).   Et puis comment Jésus qui s'est battu pour accéder à cette royauté, à cette seigneurie peut-il remettre ce poste à un certain Kimbangu ? Donc Jésus se serait battu pour rien, pour qu'un autre prenne sa couronne ?

Non, Kimbangu est un anti christ.

Chapitre 9

La mort de Simon Kimbangu

Le dépliant sous examen déclare que le consolateur, le Saint-Esprit, l'Esprit de vérité venu de Dieu pour éviter que les disciples restent orphelins est décédé le vendredi 12 octobre 1951 à Lubumbashi.

Trouvez-vous cette annonce sérieuse, cohérente, et digne de foi, chers lecteurs, chers noirs, chers noirs congolais ? Que le Saint-Esprit tombe malade, meure et soit enterré, cela est impossible. Il n'y a pas plus gros mensonge que cela. Et affirmer que cela s'est passé au Congo, est un blasphème, donc un péché impardonnable.

Si Jésus était mort, c'est parce qu'il n'était pas un esprit, encore moins le Saint-Esprit, mais un corps saint dans lequel Dieu a fait habiter le Saint-Esprit, comme cela ressort clairement de son baptême où le Saint-Esprit est descendu sur un homme physique, Jésus, sous une forme corporelle, comme une colombe (Luc 3 : 21- 22). Cela montre bien que Jésus et le Saint-Esprit sont deux entités distinctes. Sa circoncision intervenue le huitième jour de sa naissance selon la loi indique également que Jésus n'était pas un esprit mais un humain qui avait les os, la chair et le sang, lequel sang a été versé devant tout le monde lors de sa circoncision (Luc 2 :21). Même après sa résurrection Jésus est resté un homme et non un esprit. Pour preuve, il dit à ses disciples : Voyez mes mains et mes pieds, c'est bien moi ; touchez-moi et voyez : un esprit n'a ni chair ni os, comme vous voyez que j'ai (Luc 24 :39). Hébreux 10 : 5 - 7 apporte une preuve de plus, disant qu'en envoyant Jésus – Christ dans le monde Dieu lui a donné un corps. Donc celui que les apôtres voyaient, côtoyaient, mangeaient avec, et qu'ils reconnaissaient comme Messie était un homme de chair et non un Esprit. En tant que tel donc Jésus-Christ pouvait mourir, être blessé, être emprisonné, ou être contenu dans un lieu, sauf miracle. Mais un Esprit ne peut ni être blessé, ni être contenu dans un coin, dans une cellule, dans un cachot, dans une prison, ni mourir.

Or Kimbangu ne dit pas qu'il a reçu le Saint-Esprit promis par Dieu. Il ne dit pas qu'il était baptisé du Saint-Esprit. Non, il dit qu'il est lui-même le Saint-Esprit. Dans ce cas il ne peut pas mourir. Il ne peut pas non plus être emprisonné. Or il était emprisonné pendant 30 ans et il est finalement mort.   Il va de soi que Kimbangu a menti au sujet de sa nature. Il disait qu'il était un esprit, le Saint-Esprit, alors qu'il n'était qu'un homme de chair et d'os. En effet, quand il se disait le Saint-Esprit, il savait bien qu'il avait un corps de chair, d'os et de sang que sa mère a mis au monde après avoir été fécondée par une semence mâle de son père. Les kimbanguistes qui l'ont vu, entendu, et même mangé avec lui le savaient aussi. Son père qui l'a engendré et amené à la circoncision charnelle, sa mère qui l'a gardé 9 mois dans son ventre, qui l'a ensuite enfanté, allaité, bercé, porté sur le dos, sur les genoux, qui lui essuyait les excréments et les urines, qui lui a appris les premiers pas et à marcher savait que son fils était une personne physique comme elle et comme son père, et non un Esprit. Curieusement, tous ces gens ont accepté ces balivernes d'un Kimbangu Saint-Esprit. Je pense que son père et sa mère qui l'entendaient débiter ces bêtises mouraient d'hilarité, en disant : « Buka bango lukuta, mwana mbuka », comme disait Mobutu Sese Seko.

La mort de Kimbangu devrait donc décider tous les noirs et autres fanatiques du prophète de le maudire, de le désavouer, de le mettre en interdit, sachant que c'est là une preuve donnée par Dieu que l'homme, Kimbangu, n'était ni le consolateur, ni un simple disciple de Jésus, mais un bandit, mais un malfaiteur, mais un ouvrier d'iniquité, mais un faux prophète, mais un anti christ.

La mort du consolateur, du Saint-Esprit, est une des paroles monstrueuses dont l'Eternel accuse le dévastateur, le huitième roi. Nous savons déjà que les auteurs de telles paroles finiront dans l'étang ardent de feu et de soufre, préparé pour le diable et pour ses anges. Tel est le sort de Kimbangu, l'étang ardent de feu et de soufre. Pas de salut pour Kimbangu, la honte du peuple noir.

Chaque chose a une finalité. La mort de Jésus avait pour finalité de présenter à Dieu l'offrande de son corps en vue de racheter l'humanité et de sceller une nouvelle alliance entre Dieu et les hommes. Cela était planifié de longue date selon Daniel 9 :24-27. Et cette mort ne pouvait pas être provoquée par une maladie, par un accident, par une catastrophe quelconque ou par une toute autre cause de mortalité, mais uniquement par l'immolation ou la décapitation (1). Car un sacrifice d'animal n'est sacrifice que si l'animal a été immolé à des fins d'expiation des péchés. Jésus a accompli ce plan.

Mais la mort de Kimbangu, consolateur, Saint-Esprit venu pour remplacer Jésus en mission auprès de Dieu, avait quelle finalité ? Même si elle a été suivie d'une résurrection, quelle a été sa finalité ? Un simple théâtre si résurrection a eu lieu effectivement.

Chapitre 10

L'ascension de Kimbangu

Nous lisons dans ledit dépliant : « il a vécu avec eux pendant huit jours avant son ascension à 00 H 00 au vu de ces derniers et des villageois pêcheurs »

Fable ! Mensonge ! Incohérence ! En effet, Kimbangu dit qu'il est le Saint-Esprit, le consolateur qui est venu prendre la place de Jésus-Christ afin que les disciples ne soient pas orphelins (Jean 14 et 16). Pourquoi devait-il alors être enlevé au ciel d'où il venait de descendre voici seulement 30 ans ? A qui a-t-il laissé les disciples ? Était-il prévu que le consolateur retournât après seulement 30 ans de service ? Où cela est-il écrit ? Vous voyez que ce consolateur-là n'avait pas le même souci que Jésus, qui tenait à ce qu'une fois dans le monde, le consolateur demeurât éternellement avec les disciples. Celui-ci est un oiseau voyageur. Et depuis qu'il a effectué la fameuse ascension pourquoi n'est-il pas revenu poursuivre sa mission, car les disciples demeurent orphelins ? Est-il toujours en consultation avec Dieu le Père ?

Vous ne pouvez pas venir remplacer Jésus-Christ pour éviter que les disciples soient orphelins et rentrer aussitôt au ciel. Cette remarque montre que l'histoire de la fameuse ascension de Kimbangu n'est qu'une fable montée de toutes pièces pour séduire les noirs et les égarer pour toujours, eux qui croient à n'importe quoi et qui ne vérifient point ce qu'on leur dit. Si vraiment ascension il y a eu, c'est donc un miracle mensonger de plus que Kimbangu a opéré afin que ceux qui n'ont pas eu l'amour de la vérité enseignée par le plus grand des maitres, Jésus-Christ, croient au mensonge de Kimbangu et périssent selon ce qui est écrit en 2 Thessaloniciens 2 : 9-12.

Kimbangu est l'un des impies dont Dieu a parlé. Et le propre d'un impie est d'accomplir ce qui est dit dans l'épître sus référencée. Et Kimbangu a fait des choses prédites dans l'écriture rappelée ci-haut. Il est donc un impie et non un prophète du Dieu Très-Haut. Tous les signes, tous les miracles, tous les prodiges, toutes les œuvres de puissance qu'il a étalés, il les a faits par la puissance de Satan. Car toutes ces choses se sont réalisées avec les séductions de l'iniquité, pour que ceux qui l'ont vu à l'œuvre disent que Dieu est avec lui malgré ses iniquités et qu'il sera avec eux aussi même s'ils commettent l'iniquité. C'est cela le but et le danger des miracles.

A propos des miracles combinés à l'iniquité, c'est-à-dire au péché, Jésus nous a prévenus en ces termes : « plusieurs me diront en ce jour-là: Seigneur, Seigneur, n'avons-nous pas prophétisé par ton nom ? N'avons-nous pas chassé des démons par ton nom ? Et n'avons-nous pas fait beaucoup de miracles par ton nom ? Alors je leur dirai ouvertement : Je ne vous ai jamais connus, retirez-vous de moi, vous qui commettez l'iniquité. » Voilà un verdict qui attend Simon Kimbangu.

L'ascension de Kimbangu suppose qu'il soit ressuscité des morts. Le dépliant sous examen déclare à ce sujet : « Décédé le vendredi 12 octobre 1951 à Lubumbashi, et les mêmes jours, date et heure est né Papa Simon Kimbangu Kiangani à Nkamba, il est ressuscité le 14 octobre 1951 et a été vu par beaucoup de gens. Plusieurs apparitions ont été signalées dont celle du 29 juillet 1952 où il est apparu à LOWA auprès de ses disciples ».

S'il est effectivement ressuscité, nous voulons savoir si ses restes ont été ramenés à la vie ou si c'est son double qui s'est mis à vagabonder tandis que ses os sont restés inertes dans le tombeau. Que les kimbanguistes nous disent la vérité. Si Kimbangu a été relevé, ressuscité, rendu à la vie avec son corps, ses os, sa physionomie, son timbre vocal, nous croirons qu'il a été ressuscité. Même alors, nous croirons qu'il a fait un miracle mensonger pour nous inciter à croire aux mensonges que Satan a mis dans sa bouche pour nous séduire et nous conduire à la mort éternelle.

Si par malheur son corps, c'est-à-dire ses restes, ses ossements, sont encore dans le tombeau où il a été enseveli, nous conclurons qu'il n'a pas été ressuscité, mais que s'il y a eu des apparitions, c'est son double qui, n'ayant pas été bien accueilli dans le séjour des morts à cause de ses péchés nombreux et gravissimes est en train de fuir les tourments et les flammes du séjour des morts (Luc 16 : 23-25).

Voulant savoir coûte que coûte où se trouve le corps de Kimbangu, nous avons mené des recherches sur Internet. Le résultat de nos recherches confirme que Kimbangu n'a pas été ressuscité. En effet, nous sommes tombés sur l'information suivante : « Ainsi juste après l'indépendance (1960), la dépouille mortelle de Simon Kimbangu fut solennellement transférée de Lubumbashi à son village natal de Nkamba, à quelques centaines de kilomètres au sud –ouest de Kinshasa (Province du Bas Congo, RDC), où un mausolée et un immense temple furent bâtis. » Telle est la preuve, si besoin était encore, que Kimbangu n'est pas ressuscité. Car le transfèrement de sa dépouille mortelle[6] laisse entendre que le corps sans vie du prophète a été déplacé à Nkamba . On a ainsi

---

[6] Dictionnaire : Dépouille : Corps d'un défunt.

vidé le tombeau de Lubumbashi pour en créer un autre à Nkamba où repose désormais Simon Kimbangu.

La vraie résurrection ramène le mort à la vie, fait sortir du tombeau le mort et lui rend la vie, et il vit effectivement comme auparavant. Même Kimbangu, lorsqu'il ressuscita une fille morte depuis trois jours selon la légende que nous avons lue, il a rendu à sa famille une personne physique en os et en chair, qui avait repris l'existence comme auparavant. Il n'a pas rendu à sa famille un esprit errant, mou, sans chair, ni os, ni sang. Donc l'existence de la dépouille mortelle de Kimbangu jusqu'à ce jour dans le mausolée bâti à cet effet confirme que l'homme a été vaincu par la mort. Il ne peut aucunement se comparer à Jésus qui était sorti de son tombeau avec ses cheveux, ses os, son sang et sa chair, en laissant le caveau vide, quitte à y enterrer si on veut quelqu'un d'autre.

Pour prouver que David n'était pas monté au ciel en accomplissement d'une prophétie qui avait prédit la résurrection du Messie, que certains lui appliquaient à tort, les saintes écritures ont seulement montré que la dépouille du grand-père du Christ gisait toujours dans son tombeau, tandis que celle du premier-né de la vierge Marie était rendue à la vie (Actes 2 : 24-32). Les os, la chair et le sang avec lesquels Jésus apparaissait après sa résurrection n'étaient pas empruntés à quelqu'un d'autre comme ceux des apparitions de Simon Kimbangu, mais les siens propres.

Avec cet épisode de l'ascension de Kimbangu, nous pouvons conclure sans crainte d'être contredit que le Prophète de Nkamba a lamentablement échoué sa mission de consolateur, qui devait rester éternellement, je souligne éternellement, avec les disciples. Alors la question est la suivante : Pourquoi a-t-il échoué sa mission ? Ou bien : Kimbangu a-t-il échoué sa mission ou a-t-il été révoqué pour incompétence par celui qui l'en a chargé ? Ou bien Kimbangu se vantait-il tout simplement d'avoir été investi d'une mission qui n'était pas la sienne ? Nous penchons pour cette dernière hypothèse.

Personne au ciel n'avait fait de Kimbangu le consolateur promis par Jésus-Christ. Il s'est attribué lui-même cette dignité. Malheureusement, il ne pouvait pas s'attribuer les dons, les capacités, et les moyens nécessaires à l'accomplissement d'une telle mission. Voilà pourquoi celui qui se faisait passer pour une troisième personne de la trinité, donc une personne immortelle a été humilié par la mort, qui continue à le garder prisonnier, en attendant la résurrection de tous les morts pour être jugé et finalement jeté dans l'étang ardent de feu et de soufre, qui est la seconde mort. Kimbangu mourra donc deux fois pour avoir craché des monstruosités.

Tous ceux qui saluent Kimbangu, qui croient en lui, qui l'adorent, auront le même sort que lui, à moins qu'ils ne se repentent en le maudissant et en suivant la vérité que nous professons.

Ah ! Vraiment il y a des ténèbres sur la terre ! Avec cela s'accomplit Esaïe 60 : 1-3. Ces ténèbres nécessitaient une grande lumière pour les dissiper et les vaincre. Et cette lumière, c'est celle de l'Evangile éternel qui est descendu du ciel le 03 mai 1983. C'est elle qui nous permet de percer les ténèbres installées au Congo et ailleurs sur la terre par le kimbanguisme. Celui qui suit Kimbangu aura le luxe, acquerra des biens de valeur, gagnera même le monde entier s'il veut, mais il n'échappera pas à l'étang ardent de feu et de soufre réservé aux menteurs comme Kimbangu.

Chapitre 11

Nkamba la nouvelle Jérusalem

Faux ! La mort de Kimbangu dément catégoriquement que Nkamba soit la nouvelle Jérusalem. Cette mort achève de prouver que l'homme n'est point un prophète, mais un imposteur, à la limite un piètre catéchiste. En effet, Jésus a dit : « Il n'est pas convenable qu'un prophète périsse en dehors de Jérusalem (Luc 13 : 33 ; Matt 23 :37). Mais Kimbangu n'est mort ni à Jérusalem la vraie, ni même à la fausse Jérusalem qui est son village de Nkamba, mais à Lubumbashi. Voilà qui le discrédite totalement. Un vrai prophète doit accomplir toutes les prophéties le concernant. Kimbangu ne l'a pas fait. Un prophète qui a péri hors de Jérusalem n'est pas un vrai prophète. D'ailleurs Kimbangu n'a pas péri, il est mort hors de Jérusalem, ce qui le disqualifie davantage. Donc Simon Kimbangu n'est pas un prophète. C'est vous qui l'appelez prophète, pas Dieu, pas Jésus-Christ, pas le Saint-Esprit.

Par ailleurs, les faits démentent catégoriquement que le village de Nkamba soit la nouvelle Jérusalem. En effet, la Bible déclare à propos de la Nouvelle Jérusalem ce qui suit : Il n'entrera chez elle rien de souillé, ni personne qui se livre à l'abomination et au mensonge. Il n'entrera que ceux qui sont écrits dans le livre de vie de l'agneau (Apo 22 :27). Nkamba ne remplit pas cette condition. En effet, tous les pécheurs du Congo et d'ailleurs qui le désirent entrent librement à Nkamba pour y chercher qui un fétiche, qui un prodige, qui une guérison miraculeuse. Aucune restriction n'est imposée pour y entrer comme cela convient pour la vraie Nouvelle Jérusalem. Que les kimbanguistes arrêtent de raconter des sornettes en élevant une saleté comme Nkamba au rang de la sainte ville de Dieu.

Seules les personnes dont le nom est écrit dans le livre de vie de l'agneau ont le droit d'entrer dans la vraie Nouvelle Jérusalem. Il est dit également qu'aucune personne qui se livre au mensonge n'entrera dans la vraie Nouvelle Jérusalem. Mais que voyons-nous ? Tous les païens, tous les hommes sans dieu y entrent sans contrôle. Tous les fonctionnaires qui se livrent à la corruption, au détournement des deniers publics, aux violations des droits de l'homme, à l'enrichissement sans cause, au blanchiment d'argent, aux fraudes douanières, aux fraudes électorales, etc., y sont admis avec honneur. Toutes les Autorités gouvernementales qui se livrent au mensonge d'Etat y entrent comme dans une foire. Les Kimbanguistes eux-mêmes, depuis leurs chefs spirituels jusqu'au kimbanguiste lambda sont des pécheurs. Oui, ils forment une secte, et galates 5 : 19-21 dit qu'ils sont pécheurs. Et pourtant on les trouve tous les jours à Nkamba en train de se balader. Vous voyez que le Kimbanguisme n'est qu'un simulacre du christianisme. Ils ne croient pas dans les paroles de Dieu, et avant tout dans celle qui interdit de laisser entrer en la Nouvelle Jérusalem une personne qui pèche, et ne les observe pas du tout.

Chapitre 12

Les miracles

Quant aux miracles qu'on lui attribue, il n'y a rien à redire, à débattre. Les miracles ne sont point le signe de l'approbation divine de leur auteur. Jésus-Christ n'a-t-il pas dit que les faux Christs, et les faux prophètes s'illustreraient par de grands miracles et de grands prodiges de nature à séduire, s'il était possible, même les élus du Dieu Très-Haut ? En 2 Thessaloniciens 2 : 1-12, la parole de Dieu souligne que l'adversaire, l'homme du péché, le fils de la perdition, l'impie fera beaucoup de miracles avant le retour du Christ. Mais ce sont des miracles pour forcer les gens et les chrétiens en tête à accepter les mensonges. En plus Dieu a ajouté que le faux prophète, celui qui fera que les habitants de la terre adorent le huitième roi, fera lui aussi de grands prodiges jusqu'à faire descendre du feu du ciel sur la terre, à la vue des hommes (Apo 13 : 11-14).

Je ne dis donc pas que Kimbangu n'a pas opéré des miracles, des signes, des prodiges et des œuvres de puissance. Non, mais je dis que Kimbangu a opéré des signes et des miracles mensongers, c'est-à-dire des signes et des miracles qui ont forcé les gens d'accepter des mensonges. C'est ça qu'on appelle miracles mensongers. Un tel est destiné à imposer des mensonges au monde. Mais pour les faire accepter, Satan lui donne de faire des miracles. De sorte qu'au vu de ces miracles les hommes croient à ce qu'il dit. Mais ce qui fait la différence entre les vrais prophètes et les faux, c'est que les premiers ne pèchent point, tandis que les seconds commettent l'iniquité (Matt 7 :21-22). Et Kimbangu commettait l'iniquité en même temps qu'il opérait des miracles. Eh quoi ! Approuver un faux christ comme Kadima Bakenge, n'est –il pas scandaleux pour un vrai prophète, qui se dit envoyé de Jésus-Christ et de surcroît le Saint-Esprit même ? Christianiser une fête païenne dédiée à une divinité païenne, comme la Noël, n'est-il pas une abomination ? Approuver et collaborer avec les sectes chrétiennes déjà condamnées à mort par la parole de Dieu en Galates 5 :19-21, n'est-ce pas une abomination ? Kimbangu et les kimbanguistes commettent tous ces péchés. Toute personne qui prophétise et fait des prodiges au nom de Jésus tout en commettant l'iniquité est un faux prophète. Donc Kimbangu est un faux prophète (Matt 7 :21-22). Que donc Kimbangu ait opéré des signes, des miracles et des prodiges, cela ne prouve pas qu'il a été envoyé par Dieu. Les péchés qu'il a commis, tolérés ou ignorés pendant qu'il opérait les signes, les miracles, les prodiges et les œuvres de puissance l'ont trahi comme faux prophète.

Ne vous laissez donc pas séduire par les miracles. Les miracles et les prodiges ne sont guère l'apanage des prophètes de Dieu (Matt 24 : 2425).

Chapitre 13

Les prophéties

Le dépliant en vedette écrit : « Il a fait beaucoup de prophéties dont bon nombre sont déjà réalisées, certaines en cours et d'autres à venir. Bref, les déjà, les maintenant et les pas encore. A titre d'exemple : l'homme noir deviendra blanc et blanc noir ; Le Kongo sera libre et l'Afrique aussi mais les décennies qui suivront la libération de l'Afrique seront terribles et atroces ».

Prophéties, non. Voyance, oui. Kimbangu n'a jamais prophétisé quoi que ce soit de la part de l'Eternel, Dieu. Nous avons déjà montré ci-dessus l'origine diabolique sinon personnelle de « L'homme noir deviendra blanc et blanc noir ». Voici plus de cent ans que cette prophétie ne s'est pas accomplie. Nous avons indiqué qu'elle n'avait aucun lien avec l'indépendance des noirs par rapport à la colonisation. Nous avons montré que cette parole était un vœu personnel de Kimbangu qui annonçait une spirale de violences entre les noirs et les blancs, qui se déroulerait tantôt en faveur des noirs tantôt en faveur des blancs. Même alors, les faits ne la soutiennent pas. Admettons qu'elle concernait l'indépendance. Puisqu'il y avait urgence absolue de délivrer les noirs et leurs terres des mains des blancs qui les haïssaient, la prophétie n'allait pas se faire attendre comme c'est malheureusement le cas. Dans le même intervalle de temps, c'est-à-dire de 1921 à ce jour, qu'est-ce que les blancs n'ont pas réalisé ? Ils ont résolu pas mal de problèmes à la grande satisfaction de leurs populations.

Au lieu d'empêcher l'entreprise coloniale de naitre, le dieu de Kimbangu s'est contenté d'en combattre les effets pervers. Absence d'anticipation indigne d'un dieu clairvoyant. Ce qui montre que Kimbangu est au service d'un petit dieu, il est donc un faux prophète.

Aucune prophétie émise par Kimbangu ne le situe dans la lignée prophétique chrétienne. Soit il dit des hérésies, soit il promet des choses déjà connues, soit il promet des choses irréalisables parce qu'en contradiction avec les saintes écritures annoncées avant sa venue. Reprenons par exemple « L'homme noir deviendra blanc et blanc noir ». Cette prophétie indique l'ignorance de son auteur. En effet, la prophétie de Daniel qui avait prédit la colonisation du monde par les puissances européennes avait signalé en même temps ce que serait l'issue de cette entreprise.

Quiconque étudie Daniel 2 : 36 à 45, se rend compte que la colonisation avec ses méfaits prendrait fin à l'initiative du Très - Haut, qui chargerait son royaume de mettre fin au règne des colonisateurs. Toute promesse et toute démarche qui ne tiendrait pas compte de cette prophétie de Daniel serait tout simplement illusoire voire démagogique (Dan 2 :36-45). Alors Kimbangu tirerait d'où la force de libérer les noirs des griffes puissantes des colonisateurs ? Voilà pourquoi cette prophétie de Kimbangu ne s'accomplit pas 100 ans après sa diffusion.

Kimbangu n'est point dans les secrets de Dieu. Il ignore que la fin de la colonisation viendra par une guerre entre le royaume de Dieu représenté par la petite pierre dans les prophéties de Daniel, chapitre 2 versets 44 à 45, d'une part, et tous les royaumes d'ici-bas, d'autre part.

Selon Dieu, la délivrance des noirs s'inscrit dans un plan global visant la destruction de la domination satanique, qu'elle vienne des blancs, des arabes ou d'un autre peuple, telle que préfigurée en Daniel 2 :44-45. Pas avant. Toute tentative prématurée de libération de tous les peuples ou d'une partie d'entre eux des griffes de la puissance sus décrite sans Dieu n'est qu'une illusion. Raison pour laquelle depuis que la prophétie de Kimbangu est venue et que les blancs sont partis, rien de semblable à une libération n'a été observée dans le pays de Kimbangu, encore moins dans les autres pays des noirs.

Kimbangu a dit d'autres hérésies qui le disqualifient comme prophète du vrai Dieu, mais que le temps et l'espace nous empêchent d'aborder dans cet écrit.

Chapitre 14

La dynastie kimbanguiste

La lutte de Simon Kimbangu est une lutte pour l'intérêt familial. Lorsque qu'il dit que « les noirs deviendront blancs et les blancs noirs », les noirs dont il parle sont les membres de sa famille biologique. La preuve en est que l'essentiel des dividendes de sa lutte revient à ses propres enfants. La preuve en est également que sa lutte s'est estompée dès lors que lui et sa famille sont devenus des « blancs », logeant dans des belles maisons en dur qui ont remplacé leurs huttes de boue et de paille, étant vêtus d'habits somptueux, menant joyeuse et brillante vie, côtoyant les blancs et fréquentant des salons V.I.P.[7] du monde, ayant accès en permanence à l'eau et à l'électricité, casant leurs enfants dans de bonnes écoles euro-américaines, se faisant soigner , même pour une simple toux, dans des hôpitaux de haut standing situés hors du continent des noirs, etc.

Une autre preuve en est la dynastie qu'il a bâtie au nom du combat divin contre les blancs. En effet, qui sont les héritiers de Simon Kimbangu en tant que Prophète ? Ce sont ses enfants qui constituent ainsi une dynastie spirituelle. Quelle est la loi qui gouverne la transmission du pouvoir au sein du Kimbanguisme ? Nul ne le sait. Vient-elle de Dieu ? Rien n'est moins sûr. Est-elle conforme à la loi laissée par Jésus à cette fin ? Je doute fort. Car pour Dieu et Jésus c'est la théocratie chrétienne qui doit gouverner l'Eglise. Est-ce le cas avec le kimbanguisme ? Qui a désigné les trois personnes qui ont succédé à Kimbangu après sa mort ? En lisant la biographie de Kimbangu sur Internet, nous avons noté que l'Eglise de Jésus-Christ sur la terre par le prophète Simon Kimbangu (EJCSK) a été formée entre 1955 et 1958, et que son fils Joseph Diangienda a été désigné par lui pour lui succéder. A la mort de ce dernier survenue le 8 juillet 1992, c'est son frère Paul Salomon Dialungana qui l'a remplacé jusqu'en 2001, avant de céder le trône à Simon Kimbangu Kiangani, petit-fils du Prophète. Spirituellement ces gens valaient-ils la peine de diriger l'Eglise de Dieu ? A considérer les scandales et les iniquités qui éclaboussent l'Eglise kimbanguiste, la réponse est négative. D'ailleurs rien ne prouve que ces trois-là sont la postérité de Kimbangu. Si les saintes écritures déclarent que tous ceux qui sont nés de Jacob ne sont pas sa postérité et que, partant, tous ne sont pas les enfants d'Abraham, combien à plus forte raison tous ceux qui sont nés de Kimbangu ne sont

---

[7] V.I.P. Sigle de langue anglaise signifiant « Very Important Person », c'est-à-dire « personne de grande réputation ».

pas automatiquement ses enfants ? A ce sujet, les Kimbanguistes doivent retenir la leçon ci-après :

Romains 9 :6-9 :
Ce n'est point à dire que la parole de Dieu soit restée sans effet. Car tous ceux qui descendent d'Israël ne sont pas Israël, et pour être la postérité d'Abraham, ils ne sont pas tous ses enfants ; mais il est dit : En Isaac sera nommée pour toi une postérité. C'est-à-dire que ce ne sont pas les enfants de la chair qui sont enfants de Dieu, mais que ce sont les enfants de la promesse qui sont regardés comme la postérité.
Voici, en effet, la parole de la promesse : Je reviendrai à cette même époque, et Sara aura un fils.

Et nous touchons là à un mystère. Seuls les enfants de la promesse comptent pour l'Eternel Dieu. Cette vérité est applicable à tous les hommes y compris Simon Kimbangu. Dès lors placer les enfants de Kimbangu sur son trône spirituel comme ses héritiers est une cécité indigne d'un vrai prophète. Quand bien même tel enfant serait une vraie postérité d'un prophète rien ne dit qu'il va succéder à son père spirituellement parlant. Car ce n'est pas le père qui transmet à ses successeurs spirituels l'éphod, le tummin et l'urim, c'est Dieu. La transmission kimbanguiste du pouvoir dans l'Eglise se fait à la congolaise. S'il était un vrai prophète de la lignée de Jésus-Christ, Kimbangu allait s'inspirer de la réponse que Jésus réserva à la mère des fils de Zébédée. Alors il dirait à l'instar de Jésus : « Il est vrai que vous boirez ma coupe ; mais pour ce qui est d'être assis à ma droite et à ma gauche, cela ne dépend pas de moi, et ne sera donné qu'à ceux à qui mon Père l'a réservé » (Matt 20 :20 – 23).

Kimbangu se comporte comme si l'Eglise a commencé avec lui. Ainsi après lui ce sont ses enfants qui lui succèdent au pouvoir. Il oublie qu'il fonde son ministère sur un verset par lequel Jésus-Christ promit le consolateur à ses premiers disciples et à travers eux à tous les disciples en aussi grand nombre que l'Esprit les appellera. Kimbangu qui est né en 1887, c'est-à-dire 19 siècles après la fondation de l'Eglise devrait regarder dans la multitude des croyants pour désigner ses successeurs et non pas puiser nécessairement et ce, trois fois de suite, dans sa famille biologique. Quelqu'un qui dit être envoyé pour unifier l'Eglise universelle, et qui de surcroit prétend appartenir à la sainte trinité devrait montrer l'exemple en transcendant les sentiments du népotisme, en appliquant un criterium objectif et rigoureux connu de tous les croyants, comme cela ressort des saintes écritures, en l'occurrence de l'apocalypse 2 :26-27 et 3 : 21. Le népotisme pratiqué par Simon Kimbangu dément catégoriquement la thèse selon laquelle il a été envoyé par Dieu pour consoler les disciples du Christ et unifier son Eglise.

Au nombre de reproches faits aux successeurs de Kimbangu figure le fait qu'ils trafiquent des fidèles. Ils pratiquent la simonie, qui est le trafic des choses spirituelles, des dignités ecclésiastiques, des grâces sacramentelles, moyennant argent et /ou avantage temporel. Plusieurs croyants membres du gouvernement sont passés par là.

Un autre reproche grave est qu'ils n'ont jamais dénoncé les fraudes électorales qui ont émaillé les quatre cycles électoraux organisés dans leur pays, mais qu'au contraire ils ont toujours reconnu les autorités établies dans ce désordre électoral. La preuve en est que le gouvernement issu des fraudes électorales leur a octroyé un jour férié dans le calendrier du pays et qu'ils l'ont accepté avec gratitude.

Pire que cela, les kimbanguistes s'attribuent la direction du pays, certifiant que c'est Simon Kimbangu qui établit et relève les chefs d'état qui se sont succédé à la tête du Congo, depuis Kasa – Vubu jusqu'à l'actuel Président, Felix Antoine Tshisekedi Tshilombo, en passant par Mobutu Sese Seko, Mzee Laurent Désiré Kabila et Joseph Kabila Kabange. En effet, dans la vidéo à laquelle nous avons déjà fait allusion dans cet ouvrage, la propagandiste du kimbanguisme a attribué à Simon Kimbangu tous les changements politiques observés au sommet du Congo. On y voit aussi le Marechal Mobutu délivrer un témoignage d'adieu à l'occasion de la mort de Joseph Diangienda, comme quoi c'est ce dernier qui avait prédit son avènement à la tête du Congo, en récompense de tout le bien qu'il avait fait pour les kimbanguistes. La propagandiste en question a ajouté que Diangienda avait maudit Tshisekedi père afin qu'il n'accède point au pouvoir au Congo à cause du mépris qu'il avait affiché envers l'autorité kimbanguiste. Mais récemment, Kimbangu et ses trois successeurs ont décidé de donner le pouvoir au Fils de Tshisekedi, voilà pourquoi Felix trône là où son Père a échoué de trôner. Donc tous les maux qui se sont accumulés sur les noirs congolais depuis l'époque de KASA VUBU jusqu'à présent viennent de Kimbangu et de ses fils. Ce sont eux qui bénissent le Congo lorsque leurs intérêts égoïstes sont garantis par les congolais. Ce sont eux aussi qui maudissent le Congo lorsque les congolais n'assurent pas leurs intérêts égoïstes.

C'est dire que Kimbangu et ses enfants n'ont point de qualité pour diriger l'Eglise de Dieu. Tout cela indique que le kimbanguisme est une organisation satanique, qui ne peut garantir le salut. Les kimbanguistes qui tiennent au salut doivent en sortir dès réception du présent message. Autrement ils se retrouveront dans l'étang ardent de feu et de soufre, qui est la seconde mort.

Conclusion

Vous avez reconnu que Simon Kimbangu est un faux prophète. Non seulement il est un faux prophète, mais en plus il est une divinité païenne de premier plan parce qu'il s'est assis dans le temple de Dieu, s'est élevé au-dessus de tout ce qu'on appelle dieu ou qu'on adore, et s'est proclamé lui-même dieu.

Simon Kimbangu a dit des choses qui trahissent sa diabolicité. En confrontant ses prophéties, ses déclarations, ses prétentions et ses actes à l'ensemble de la parole de Dieu disponible, vous avez reconnu qu'il ne se tient pas dans la vérité. Il est en contradiction avec toutes les saintes écritures qu'il a citées en appui de son ministère. Qu'il s'agisse de sa place dans la sainte trinité, ou de sa nature comme Dieu le Saint-Esprit, ou de sa mission comme le consolateur promis par Jésus, ou encore de sa désignation comme roi du monde, ou de sa résurrection, de son ascension, de l'unicité de la langue mondiale, ou de sa fonction d'unificateur de l'Eglise du Seigneur, toutes ces choses ne sont qu'un tissu de mensonges. Nous en avons apporté la preuve dans cet ouvrage.

Simon Kimbangu a dit également beaucoup de choses qui mettent en lumière son hostilité et son manque de respect envers Jésus-Christ. Le fait de se disputer le royaume du monde avec Jésus trahit son manque de respect et son inimitié envers le Fils de Dieu. Un disciple ne se dispute jamais avec son chef un poste qui lui est réservé, comme le fait Simon Kimbangu. Cette convoitise pour le poste de Chef du monde prouve en elle-même que Kimbangu est un disciple de Satan, si pas Satan personnifié en lui. Car nul n'ignore que Satan est l'adversaire numéro un de Dieu et du Christ. C'est lui qui cherche à être semblable au Dieu TrèsHaut, à s'asseoir sur la montagne de Dieu, à gouverner toutes choses, celles qui sont là-haut dans le ciel et celles qui sont sur la terre (Esaïe 14 : 9-14). C'est aussi lui qui s'est vanté devant Jésus-Christ d'être le chef du monde, fonction que Jésus –Christ a reconnue tandis qu'il battait campagne pour restaurer le royaume de Dieu et jeter dehors l'usurpateur du pouvoir (Luc 4 : 5-8 ; Jean 14 :30 ; 12 : 31-32).

Simon Kimbangu est l'un des hommes du péché, des fils de la perdition, des impies et des adversaires dont les vrais prophètes de Dieu ont annoncé l'arrivée dans le monde et dont la plupart, en l'occurrence lui-même, fils de Bakongo, sont déjà venus. Malheureusement c'est avec un tel démon que le gouvernement congolais s'allie pour libérer les congolais et développer le pays. Ils disent que la RDC est un pays laïque. Mais en même temps ils font du kimbanguisme non seulement une religion officielle, mais une religion d'Etat. C'est ce que veut dire le jour férié qu'ils lui ont dédié. Le Catholicisme romain n'a pas un jour férié. L'Islam n'a pas un jour férié. Le Protestantisme n'a pas un jour férié. L'Eglise de réveil n'a pas un jour férié. La raison invoquée pour priver toutes ces Eglises d'un jour férié est que la RDC est un Etat laïque. D'où vient alors que toutes ces Eglises soient forcées d'observer un jour férié en mémoire du combat de leur congénère ? Vous payerez cher cette turpitude.

La RDC avait donc, et a toujours beaucoup de raisons de rejeter le kimbanguisme. Car après 100 ans de promesses, cent ans pendant lesquels il a reçu le soutien, la sympathie, et un bon accueil des congolais, rien de concret n'a été fait dans le pays. D'ailleurs au moment même où l'Etat congolais décrète un jour férié en mémoire du combat de Kimbangu pour la délivrance de l'homme noir, le pays est à feu et à sang dans sa partie Est.

Quel est alors l'apport de Kimbangu, si ce n'est tout simplement la fanfare ? Oui, la seule chose qu'ils ont réussie parfaitement c'est la fanfare. C'est leur unique innovation. Malheureusement elle n'a pas brisé les blocages de l'homme noir[8], contrairement à leur prétention. C'est sûr qu'elle ne vient pas de Dieu. Sinon elle renverserait les murs de la pauvreté, du sous-développement et du néocolonialisme qui se dressent devant l'homme noir, comme la trompette d'Israël l'a fait (Josué 6 :4-5).

S'il y a un jour qui doit figurer dans les calendriers des nations, c'est celui qui célèbre l'avènement du Fils de Dieu à la magistrature suprême du monde. Car ce jour-là est un jour de délivrance pour toute l'humanité et la planète terre (Luc 21 : 28-33).

Or nous avons proclamé l'intronisation du Seigneur Jésus intervenue le 03 mai 1983, en accomplissement de l'apocalypse 14 : 6-7 Daniel 7 :9 – 14 et apocalypse 5 : 1-13. Et sur l'ordre de Dieu, nous avons porté cette bonne nouvelle à la connaissance de tous les congolais à commencer par leurs autorités, ainsi qu'à tous les habitants du monde. Cette journée a été planifiée par Dieu dans les saintes écritures. De son vivant, le Seigneur Jésus y a fait allusion à mainte reprise (Luc 19 :11-12, Matt 19 :28).

Le Prophète Esaïe a, quant à lui, précisé que le Serviteur de Dieu chargé de proclamer cette bonne nouvelle sortirait de la RD Congo (Esaïe 18 : 1-6). Et si les congolais devaient décréter un jour férié, chômé et payé,

---

[8] Les kimbanguistes disent que leur fanfare, FAKI en sigle) est l'un des mouvements qu'ils ont créés le 26 septembre 1957 dans le but de briser les blocages de l'homme noir en chantant.

c'est ce jour-là, le 3 mai de chaque année, parce qu'il annonce notre délivrance des forces du mal, j'allais dire la rédemption de nos corps, en même temps qu'il élève, réhabilite, honore, loue et glorifie le Fils de Dieu qui a subi tant d'humiliations, qui a été abaissé socialement, ridiculisé à la face du monde pour nous sauver de nos péchés. Mais depuis que j'en parle, personne ne m'écoute. J'ai adressé plusieurs correspondances aux dirigeants du Congo, à commencer par le Marechal Mobutu, jusqu'à Felix Tshisekedi, en passant par Mzee Laurent Désiré Kabila, et Joseph Kabila, les accusés de réception desdites correspondances faisant foi. A ce jour personne ne nous a réservé une suite quelconque. Mais voilà que tout d'un coup on décrète un jour férié pour honorer un impie, une nullité, un fils de la perdition, un adversaire de Dieu et du Christ. C'est que les congolais sont les ennemis de Jésus-Christ.

Lorsqu'un peuple s'allie avec une idole, il s'attire forcement la colère du Très- Haut. Les congolais sont en train de payer l'accueil chaleureux qu'ils ont réservé à Simon Kimbangu. Il est à rappeler que de 1951 à 1960, le Congo pouvait évoluer en paix et prétendre à un certain progrès social comme tous les peuples de la terre. Pourquoi cela ? Parce que durant cette période l'idolâtrie kimbanguiste était enfermée en prison, et tourmentée par l'Etat colonial qui avait clairement refusé tout compromis avec cet impie.

De 1960 à 2024, période marquée par la reconnaissance officielle du kimbanguisme puis l'érection d'un jour férié, chômé et payé en mémoire de Kimbangu, dieu le Saint-Esprit, selon lui, les congolais sont en train de payer leur idolâtrie.

Tout congolais bien informé sait que la période précitée a été jalonnée par des fléaux de toutes sortes qui ont précipité le pays dans d'autres profondeurs du gouffre où il se débat désespérément. Nous pouvons rappeler sans être exhaustif les fléaux ci-après : 1) la rébellion muleliste qui a éclaté en 1964, faisant 500 mille morts d'après un bilan officiel, sans compter les pertes économiques et les dégâts matériels, 2) la descente aux enfers du Zaïre-monnaie   et l'échec de l'objectif 80 où une croissance de 6% était attendue, 3) les guerres d'agression Shaba 1 et 2, Moba 1 et 2, qui ont également fauché beaucoup de congolais sans oublier les pertes économiques et les dégâts matériels, 4)les pillages qui ont éclaté sur l'ensemble du territoire national les années 1991 – 1992 enfonçant encore plus les congolais dans les méandres invisibles des enfers, 5)la guerre dite de libération de l'AFDL avec son cortège de morts et de dégâts matériels, 6) la guerre d'agression rwando- burundo- ugandaise, qui a provoqué la balkanisation du pays en quatre zones gérées respectivement par le Gouvernement, le MLC, le RCD/Goma et le RCD /KML, et 7) la guerre d'agression rwandaise qui se déroule sous nos yeux et qui a déjà causé des millions de morts et de déplacés, sans compter le pillage systématique, massif et accéléré des ressources naturelles.

Tous ces fléaux frappent le Congo au nez et à la barbe de Simon Kimbangu. Tous ces fléaux frappent le Congo en dépit de l'accueil ô combien chaleureux que les congolais et leur gouvernement ont réservé à Kimbangu.

Dieu est fâché contre le Congo à cause du soutien que son gouvernement apporte aux différentes idolâtries qui se sont manifestées dans le pays, dont la principale est le kimbanguisme. Dieu est également irrité contre les congolais parce qu'ils ferment les yeux sur ces idolâtries et ne les dénoncent pas. Tous les congolais qui gardent silence, qui ferment les yeux, qui ne dénoncent donc pas ces idolâtries qui se déroulent devant leurs yeux sont des idolâtres, ou des complices d'idolâtrie, et ils iront dans le feu éternel qui a été préparé pour Simon Kimbangu, leur idole. Car c'est à cause d'eux aussi que le Congo vit le scandale d'un pays aux ressources naturelles fabuleuses mais dont la population se classe parmi les plus pauvres de la planète.

Que faut-il faire pour délivrer les congolais ? Premièrement, il faut arrêter d'adorer Kimbangu, c'est un impie. Ensuite il faut désavouer, maudire le kimbanguisme, lui retirer le permis cultuel, abroger l'ordonnance qui a décrété un jour férié, chômé et payé en faveur de cette idolâtrie, renverser tous les lieux cultuels kimbanguistes, interdire toute réunion et toute cérémonie religieuse, prohiber tout enseignement kimbanguiste, que ce soit en public ou en privé. Il faut jeter en prison voire condamner à mort toute personne ou groupe de personnes qui auront le front de s'opposer à la suppression du kimbanguisme. Il faudra faire de même à l'égard d'autres idoles qui souillent le pays. Alors la malédiction qui pèse sur le Congo disparaitra.

Mais si vous continuez à encenser Simon Kimbangu et les autres divinités que vous avez fabriquées, il n'y aura au Congo ni paix sociale, ni stabilité de la monnaie, ni assainissement financier, ni redressement économique. Mais le grand Congo continuera à afficher la mine d'un géant malade, d'un riche famélique.

LES APPENDICES

Appendice 1

LETTRE OUVERTE AUX PEUPLES DE LA TERRE

Sheta-Sheta, envoyé du Dieu Très-Haut, établi Prédicateur de l'évangile éternel mentionné en apocalypse 14 :6-7, à tous les peuples de la terre qui sont en Afrique, en Amérique, en Asie, en Europe et en Océanie, salut!

L'Eternel Dieu, qui a créé le ciel, et la terre, et la mer, et les sources d'eaux, et tout ce qui s'y trouve, m'a ordonné de vous attester la bonne nouvelle ci-après.

Le 03 mai 1983, le Dieu Très –Haut a investi son Fils Jésus-Christ de l'autorité royale, comme Roi des rois et Seigneur de toute la terre. A cette occasion Dieu lui a donné toutes les nations pour héritage et les extrémités de la terre pour possession. Tous les rois, toutes les nations, tous les peuples et les hommes de toutes langues doivent servir le nouveau Roi du monde ainsi que les Saints du Très-Haut, qui forment son gouvernement (Psaume2 :1-12 ; Dan 7 :9-14, 26-27 ; Apo 5 :1-14).

La nation et le royaume qui ne serviront pas les Saints du Très Haut périront, dit l'Eternel. Ces nations –là seront exterminées (Esaïe60 :12).

Tous les rois, toutes les nations, tous les peuples et les hommes de toutes langues doivent se rallier à la loi portant investiture de l'autorité royale du Fils de Dieu, Jésus-Christ, comme Roi des rois et Seigneur des seigneurs, et en assurer une large diffusion.

L'autorité du Seigneur Jésus prime sur toutes les autres autorités établies sur la terre. C'est lui qui dirigera toutes choses. Les habitants de la terre, dans quelque lieu où ils se trouvent doivent suivre les décisions du Seigneur Jésus, même si elles sont contraires à celles des autorités locales.

Les premières volontés du Roi des rois et Seigneur des seigneurs sont les suivantes :

Le 03 mai de chaque année, jour de l'intronisation du Fils de Dieu, est proclamé jour férié, chômé et payé, sur toute l'étendue de la terre. Vous organiserez des réjouissances populaires ce jour-là. **Car c'est le jour de votre délivrance, jour où l'Eternel Dieu vous a donné un homme exceptionnel pour présider à vos destinées. Car c'est lui le Roi Jésus qui rétablira les peuples de la terre dans leurs droits politiques, économiques et sociaux bafoués par les règnes sataniques qui se sont succédé sur la terre.**

Tous les rois, toutes les nations, tous les peuples et les hommes de toutes langues doivent avoir un même dessein et donner leur **puissance** et leur autorité au Seigneur Jésus. Ils doivent se dessaisir, se dépouiller de leur souveraineté en faveur du Seigneur Jésus. Car leur souveraineté a cessé.

Tous les rois, toutes les nations, tous les peuples et les hommes de toutes langues doivent avoir un même dessein et donner leur **force** au Seigneur Jésus. C'est grâce à cette force que les différentes institutions dont le royaume sera doté, les lois, les commandements et les règlements dont il sera régi, les diverses décisions politiques et administratives qui s'y prendront, seront respectés. Cette force veillera au maintien de l'ordre, à l'intégrité du royaume et combattra les ennemis de Dieu et de son Fils. Elle assurera la sécurité des personnes et de leurs biens, en mettant hors d'état de nuire les différents délinquants ou malfaiteurs qui transgressent les lois et les commandements de Dieu, les différentes mesures et décisions prises dans les différents domaines de la vie du royaume, et qui ne respectent pas les différentes institutions du royaume et les autorités qui les animent.

L'absence d'une telle force fait cruellement défaut et rend toutes les lois, toutes les décisions et tous les commandements de Dieu sans effet. Ainsi par exemple, les lois existantes interdisent l'homosexualité sur toute la terre. Or il existe des gouvernements, des églises et des confessions religieuses qui ont légiféré dans le sens contraire et qui autorisent ou célèbrent des mariages gais. Ces gouvernements, ces églises, ces confessions religieuses, et ces homosexuels méritent la mort. Or les forces de l'ordre de ces gouvernements soutiennent les autorités qui ont promulgué des lois iniques et sécurisent des mariages abominables.

Les choses doivent changer et rien ne sera plus comme avant. Les forces de l'ordre de tous les pays du monde doivent maintenant obéir à la parole du Seigneur Jésus et non à celle des autorités locales. Elles doivent obéissance et loyauté aux nouvelles autorités du monde en l'occurrence le Seigneur Jésus et les Saints du Très-Haut. Elles doivent par conséquent interdire, empêcher et réprimer toute violation des commandements de Dieu et ôter l'abomination de l'héritage du Fils de Dieu.

Tout habitant de la terre doit donner la force au Seigneur Jésus, pour l'accomplissement des diverses missions qui lui sont assignées par Jéhovah Dieu, son Père. Vous mettrez vos fils à la disposition du Roi du monde, afin de constituer une armée qui va combattre pour sanctifier le nom de l'Eternel et défendre la théocratie. Chacun doit prévenir les transgressions des lois et commandements de Dieu, les dénoncer et les réprimer le cas échéant et ce, indépendamment du fait que l'on soit chrétien ou pas. On ne doit pas souiller le pays du Seigneur Jésus. On ne doit pas faire de l'héritage du Fils de Dieu une abomination.

Tous les rois, toutes les nations, tous les peuples et les hommes de toutes langues doivent avoir un même dessein et donner leur **richesse** au Seigneur Jésus. Le fonctionnement de l'administration du royaume, la reconstruction du monde et l'éradication de la pauvreté sur la terre exigent un budget colossal. Les nations doivent donc mettre leurs trésors à la disposition du Seigneur de toute la terre.

Tous les rois, toutes les nations, tous les peuples et les hommes de toutes langues doivent avoir un même dessein et donner leur **sagesse** au Seigneur Jésus. Pour transformer ce monde, en faire un trésor, une perle de grand prix et un paradis, et donner à chaque habitant l'éclat du soleil comme l'a promis le Fils de Dieu, il faut disposer des ressources humaines hautement qualifiées. Chacun doit donc donner au Roi du monde tout son savoir et tout son savoir-faire.

Tous les rois, toutes les nations, tous les peuples et les hommes de toutes langues doivent avoir un même dessein et donner au Roi Jésus la **louange.** Il n'est plus question d'être chrétien ou non. Quiconque habite la terre doit savoir qu'il habite la maison, l'héritage, la possession, la propriété de Jésus. Il n'est qu'un résident sur la terre. En conséquence il doit apporter toute sa louange au Fils de Dieu, l'adorer et l'invoquer comme Dieu.

Tous les rois, toutes les nations, tous les peuples et les hommes de toutes langues doivent avoir un même dessein et donner leur **honneur** au Seigneur Jésus. Le Roi des rois est la plus haute autorité de l'univers après Jéhovah Dieu, son Père (1CO15 :27). Une telle fonction, une telle position, mérite le respect le plus profond et le plus absolu qui soit. La personne de Jésus est inviolable. Vous ne pouvez plus citer le nom du Seigneur Jésus en vain. Quand vous parlez du Seigneur Jésus, le ton de votre discours doit rester respectueux du début à la fin. N'utilisez pas de termes désobligeants ni aucune forme de langage impoli, indépendamment du fait que vous soyez chrétien ou non. N'utilisez aucune parole vaine à son endroit comme le faisaient jadis les juifs incrédules, les principaux sacrificateurs, les pharisiens, leurs magistrats et les soldats. Désignez le Seigneur Jésus en tant que Roi des rois. Un autre moyen de le désigner c'est : « Votre Sainteté » ou « Très Saint Seigneur », « Très Saint Roi». Vous ne devez-vous adresser au Roi des rois qu'avec ces formules et non pas en nommant son prénom de Jésus. Les formules ci-dessus s'appliquent exclusivement au Roi des rois, Jésus.

Vous n'appellerez personne d'autre sur la terre : « Votre Sainteté » ou « Très Saint Père ».

Tous les rois, toutes les nations, tous les peuples et les hommes de toutes langues doivent avoir un même dessein et donner au Seigneur Jésus leur **gloire.** Vous devez croire de tout votre cœur que Jésus – Christ est devenu Roi des rois et Seigneur des seigneurs, le confesser de votre bouche, l'invoquer et l'adorer comme Dieu (Psaume2 :10-12 ; Philippiens 2 :5-11 ; Hébreux 1 :6 ; Apo 5 :8,14).

Tous les rois et tous les peuples doivent travailler désormais pour la cause ou les intérêts du Roi Jésus et du peuple des Saints (Esaïe60 :10). Concrètement vous devez sanctifier la terre sur laquelle vous habitez car elle est devenue une terre sainte.

Toute religion qui ne reconnaît pas Jésus-Christ comme Roi des rois et Seigneur de toute la terre, qui ne l'adore pas et ne l'invoque pas comme Dieu, doit disparaître de la surface de la terre. Toute croyance, toute pratique contraire à la volonté du Roi Jésus doit être bannie de vos mœurs.

Toute église qui ne compte pas en son sein un saint ou un juste doit être fermée. Toute église indépendante qui ne connaît pas le livre de la révélation ou qui n'a pas un enseignement authentique de ce livre, doit cesser d'exister. Ma vraie église, dit le Seigneur, se reconnaît par l'attachement à ce livre, car j'ai envoyé mon ange pour vous attester son contenu dans les églises. (Apocalypse 1 : 3 ; 22 : 16). Toute église dont les fondateurs, ou les principaux Pasteurs sont morts de maladie, de vieillesse, d'épuisement, d'accident ou d'empoisonnement doit être interdite. Car une telle église n'est point connue de l'Eternel.

Les cultes et les messes des morts doivent cesser sur toute l'étendue du globe, car les justes ne meurent pas sous le règne de Dieu, excepté ceux qui sont destinés au martyre. Cessez de donner aux pécheurs une fausse assurance de salut, dit l'Eternel des armées. Le juste n'a pas besoin de messe pour être accueilli dans le royaume de Dieu. Quant à ceux qui meurent dans le péché il n'y a pas de pardon dans le séjour des morts.

Tous les dieux qui n'ont point fait les cieux et la terre doivent disparaître de la terre et de dessous les cieux, dit le Roi du monde. Ne souillez pas le pays de Jésus. Ne faites pas de l'héritage du Fils de Dieu une abomination. Dès réception de la présente lettre, vous renverserez tous les faux dieux et brûlerez au feu leurs autels.

L'ivrognerie, la convoitise, le vol, le meurtre, le mensonge, l'idolâtrie, la magie, la sorcellerie, le fétichisme, et l'invocation des morts doivent cesser complètement sur toute l'étendue de la planète.

L'adultère, l'impudicité, la prostitution, l'homosexualité, la pédophilie, la pornographie, et toute espèce d'impureté doivent disparaître de votre milieu. Il en est de même de la violence, de la consommation du sang, de l'oppression, de l'asservissement, de la corruption, du luxe, de l'enrichissement sans cause, et d'autres choses semblables, qui sont prohibés par la loi divine mais tolérés par les lois des nations et leurs forces de l'ordre.

Les maisons de débauche doivent cesser d'exister sur toute la terre.

Des chansons et des films obscènes doivent être détruits sur toute la terre.

Toute statue, tout livre magique, tout objet magico-religieux doit être livré au feu pour être brûlé.

Vous servirez le Roi des rois avec tremblement et exécuterez ses instructions sans atermoiement, mais avec crainte, de peur qu'il ne s'irrite et que vous ne périssiez dans votre voie. Car sa colère est prompte à s'enflammer. Et il brisera les nations avec une verge de fer. Il les brisera comme le vase d'un potier.

Si une nation, si un royaume ne se soumet pas à Jésus–Christ, Je châtierai cette nation par l'épée, par la famine, par la pauvreté, par les épidémies, par les bêtes sauvages de la terre, par la mortalité, dit l'Eternel, jusqu'à ce que je l'aie anéantie par sa main.

Les saints du Très-Haut sont instruits de se redresser et de lever leurs têtes, parce que le temps est venu où vous devez entrer en possession du royaume. Vous veillerez personnellement   à l'exécution des présentes instructions.

Fait à Lubumbashi, le 30 Avril 2014.

KAMANGO SELEMANI SHETA – SHETA,

Apôtre Messager de l'Evangile Eternel

LA DESTRUCTION DES AUTORITES GOUVERNEMENTALES DU MONDE PAR JESUS – CHRIST EST PROCHE

INTRODUCTION

Ce n'est pas un message nouveau. Cette destruction a été annoncée par le Prophète Daniel (Cfr Dan. 2 : 44 – 45 ; 7 : 9 – 12 ; 26 – 27). Elle a ensuite été confirmée par le Seigneur Jésus et ses Apôtres (Jean 12 : 31, 1 Co 15 : 24 – 25). Mais ce qui est nouveau c'est la preuve de l'imminence de la destruction des Autorités gouvernementales avant la fin du monde.

Le présent écrit atteste de manière irréfutable que toutes les Autorités étatiques du monde d'à présent seront anéanties dans moins de 12 ans par le Fils de Dieu, notre Seigneur Jésus Christ.

Il est vrai que personne à part Jéhovah Dieu ne connaît ni le jour ni l'heure de la fin du monde. Mais il est tout aussi vrai que la fin du monde est une réalité qui interviendra à une date donnée parce que Dieu en a parlé dans Mt 24 :36. A l'aide d'une représentation graphique (figure ci – dessous), vous pouvez vous-même vous rendre compte que la fin de tous les dirigeants du monde est proche.

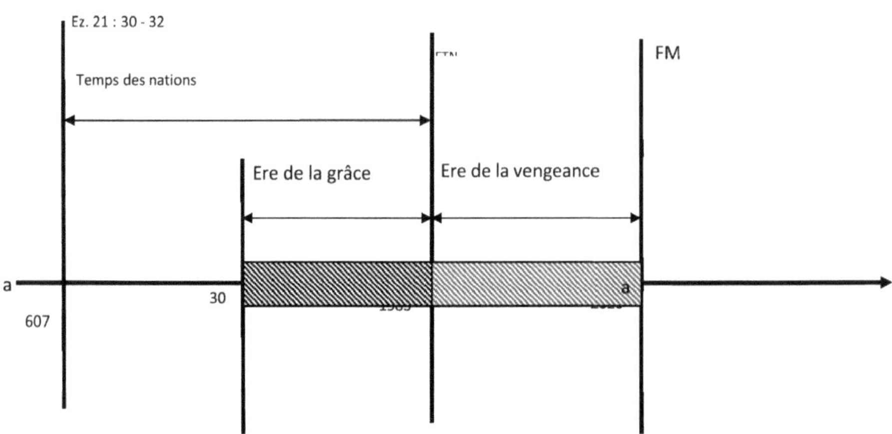

Traçons une droite orientée « a » représentant l'écoulement du temps.

I. Diagramme de la fin du monde

Choisissons sur cette droite un point représentant la fin du monde. Appelons FM ce point.

Plaçons le point FM suffisamment à droite de sorte à pouvoir situer à sa gauche d'autres événements qui précèdent la fin du monde. Ensuite lisons 1 Co 15 : 24 – 25 : « *Ensuite viendra la fin (du monde), quand il remettra le royaume à celui qui est Dieu et Père, **après avoir détruit** toute domination, toute autorité et toute puissance.* Car il faut qu'il règne jusqu'à ce qu'il ait mis tous les ennemis sous ses pieds ».

Cette écriture déclare que la fin du monde est subordonnée à la destruction, par Jésus – Christ, de toute domination, de toute autorité, de toute puissance et de tout ennemi.

Plaçons maintenant à gauche de FM un point marquant le début de la destruction des autorités dont parle l'écriture en question. Appelons ce point FTN, ce qui veut dire : fin des temps des nations.

Que voyez – vous sur le graphique ? Il y a un intervalle de temps entre ces deux points. L'intervalle de temps entre FTN et FM représente le jour du jugement, autrement dit le jour de la vengeance de Dieu.

1 Co 15 : 24 – 25 dit que, pour que Jésus Christ exécute cette tâche qui est le jugement de Dieu, il faut qu'il soit préalablement investi de l'autorité royale. Donc à la date FTN Jésus - Christ devient Roi.

Or selon Ez. 21 : 30 – 32 (version Louis Second), l'intronisation de Jésus coïncide avec la fin des temps des nations. Les temps des nations étant une période de temps qui va du renversement du trône de David par Nebucadnetsar, roi de Babylone, en 607 avant Jésus – Christ, jusqu'au retour des fils d'Israël de la seconde captivité. La fin des temps des nations n'est pas la fin du monde, c'est la fin du règne des nations.

Jésus Christ qui a parlé de la fin des temps des nations indiquait que cet événement coïncidera avec le rétablissement d'Israël en tant que nation et Etat, avec Jérusalem comme capitale indivisible et éternelle (Luc 21 : 24).

Or le rétablissement total d'Israël à la suite de la seconde captivité s'est accompli en 1982. Cette année-là, une loi juive a proclamé Jérusalem comme capitale indivisible et éternelle d'Israël en annexant à la ville tous les territoires qui faisaient défaut jusque-là.

La fin des temps des nations est donc arrivée en 1982. Mais la fin effective devait être marquée par une parole de Dieu qui l'annoncerait de vive voix à tout le monde. Cette parole destinée à proclamer la venue du jugement de Dieu pour exterminer toute domination, toute autorité, toute puissance et tout méchant s'appelle « l'Evangile Eternel ». Cet évangile est mentionné en Apoc. 14 : 6 – 7.

L'évangile éternel est une loi divine, nouvelle et éternelle, qui proclame Jésus – Christ Roi des rois et Seigneur de toute la terre, révoque et condamne à mort tous les rois de la terre, déclare hors – la – loi tous les rois de la terre et vacants leurs postes, qu'eux-mêmes soient morts ou vivants, et ordonne aux hommes de toute nation, de toute tribu, de toute langue et de tout peuple, de renier et de renoncer à tout devoir ou obligeance envers les anciens dominateurs du monde.

II. Dans moins de 12 ans la fin du monde aura lieu

Or le 03 Mai 1983, le Dieu Très – Haut a suscité un homme pour proclamer cet évangile. L'évangile éternel prêché par Sheta – Sheta est véridique. Il est tombé à point nommé, ni trop tôt ni trop tard. En conséquence, le règne des nations a pris fin ce jour – là.

Entre le moment où Jésus est intronisé, où donc il reçoit le livre scellé de sept sceaux contenant les jugements de Dieu et le moment où il remet le royaume à Dieu, son Père, en accomplissement de 1 Co 15 : 24 – 25, il s'écoulera un temps, temps correspondant à la durée des sept sceaux. Car c'est à la septième trompette du septième sceau que le royaume du monde sera remis à Dieu (Apoc. 11 : 15 -17). Ce temps est celui du jugement de Dieu lequel se prolonge dans les sept derniers fléaux.

Suivant les indications précieuses que le Seigneur Jésus en a données le laps de temps consacré à la destruction des autorités gouvernementales du monde d'à présent vaut une génération seulement, soit environ 43 ans

(Mat. 24 : 34). Partant de 1983 cette génération se terminera en 2026. Or nous sommes déjà en 2014. Il reste donc 12 ans au maximum pour que l'Eternel Dieu détruise, par la main de Jésus – Christ, toutes les Autorités étatiques du monde.

Ce qui confirme que l'ère de la grâce devait s'arrêter avant le retour de Jésus, pour céder la place à l'ère de la vengeance de Dieu.

Comme on le voit, la fin de la grâce est clairement mise en relief dans les saintes écritures. Il n'y a que les aveugles et les pécheurs qui ne le voient pas. Et cela n'est pas étonnant, car aucun méchant ne comprendra ces choses (Dan. 12 : 10).

III. Conclusion

Chacun vient de noter qu'avant la fin du monde, un nouvel évangile sera prêché sur toute la terre, à toute nation, à toute tribu, à toute langue, et à tout peuple, en vue de l'établissement d'un nouvel ordre mondial, c'est-à-dire un nouveau système politique mondial, qui sera piloté par Jésus – Christ, épaulé par les saints du Très – Haut.

Que faut – il faire pour être sauvé durant ce jugement ? Si vous croyez dans votre cœur que Jésus – Christ est devenu Roi des rois et Seigneur des seigneurs, et si vous confessez de votre bouche que Jéhovah Dieu l'a investi de l'autorité royale le 03 mai 1983, vous serez sauvé. Car c'est en croyant du cœur qu'on parvient à la justice, et c'est en confessant de sa bouche qu'on parvient au salut.

Croyez donc à l'Evangile éternel et pratiquez les œuvres du jugement, en reconnaissant le christianisme comme une nation sainte, et en reconnaissant à Jésus – Christ le monopole du pouvoir politique, de la force, de la sagesse, de la richesse, de l'honneur, de la gloire et de la louange.

Ne vous fiez pas à l'apparence en disant que les choses sont telles qu'elles ont toujours été, que rien n'annonce l'imminence de votre destruction. C'est quand vous verrez un semblant de paix et de sûreté qu'une ruine soudaine vous surprendra, comme les douleurs de l'enfantement surprennent une femme enceinte, et vous n'échapperez point (1Th.4:3).

Souvenez – vous de Belschatsar, roi de Babylone. C'est au cours d'un banquet qu'il a été détruit par l'Eternel. Pensez – vous que l'armée des Mèdes qui l'a renversé cette nuit-là a été rassemblée la même nuit où il a vu le doigt de Dieu mettre fin à son règne ? Et pourtant il était apparemment en paix et en sécurité, voire au comble de sa gloire. L'organisation du festin quelques instants avant sa chute atteste bien que la paix et la sûreté régnaient effectivement dans le pays jusqu'à l'heure fatidique. Mais quand il mangeait, buvait et dansait avec ses grands, ses femmes, et ses concubines, le siège était déjà mis, et l'ordre de le renverser donné par le ciel.

Pour en savoir plus contactez – nous aux numéros et mails repris dans l'en- tête du présent livret.

Fait à Lubumbashi, le 22 Septembre 2014

K.S.   SHETA - SHETA
Messager de l'Evangile Eternel

Appendice 3

LETTRE OUVERTE AU PAPE FRANÇOIS

Sur l'ordre de Dieu, j'ai, en date du 30 avril 2014, adressé au Pape François, la lettre ci-après, qui a été réceptionnée par « COMPANY STAMP », le lundi 05 mai 2014 à 11h14, suivant la preuve de livraison me communiquée par DHL. Une copie de cette lettre a été envoyée au Président des Etats-Unis et au Secrétaire Général des nations unies.

S'agissant d'une question d'intérêt général, qui ne doit pas être traitée à huis clos, j'ai décidé de l'ouvrir à tous les peuples de la terre, afin que tout le monde sache que, si l'Eternel frappe la terre depuis 30 ans maintenant, par la pauvreté, par le chômage, par la crise économique, par la famine, par l'épée, par les épidémies, par les invasions des bêtes sauvages, par les tsunamis, par les éruptions volcaniques, par les sécheresses, par les feux, par les températures extrêmes, par les mouvements de terrain, par les séismes, par les tempêtes, par les inondations, et par des catastrophes de tous bords, c'est à cause de la papauté qui tente de changer les temps et la loi avec l'appui des chefs des nations. Si la papauté continue à résister à l'Eternel, l'Eternel frappera la terre par d'autres prodiges.

Voici le contenu de la lettre susmentionnée.

Votre Sainteté,

CONCERNE : LA FIN DES TEMPS DE LA PAPAUTE

L'Eternel, le Dieu Très-Haut, qui a créé le ciel, et la terre, et la mer, et les choses qui y sont, m'est apparu et m'a ordonné de vous écrire la lettre dont la teneur suit.

« Les temps des nations sont terminés depuis le 03 mai 1983. En conséquence, j'ai oint mon Fils, Jésus –Christ, comme Roi des rois et Seigneur des seigneurs de toute la terre. Je lui ai donné les nations pour héritage, les extrémités de la terre pour possession. Tous les peuples, toutes les nations et les hommes de toutes langues le serviront. Sa domination est une domination éternelle qui ne passera point, et son règne ne sera jamais détruit ».

« Le règne de la Papauté a donc pris fin, la souveraineté de tous les Etats du monde a cessé. L'imposture est arrivée à sa fin, l'usurpation est terminée. Le successeur de Saint Pierre ne peut être un Souverain Sacrificateur, encore moins un roi des rois de droit divin. Saint Pierre n'était ni l'un ni l'autre ».

« En vertu de ce qui précède, je t'instruis de libérer le trône que tu occupes injustement et de te retirer sans délai du christianisme. Si tu refuses de t'en aller, tu périras dans ta voie, car la colère de mon Fils,

Jésus-Christ, est prompte à s'enflammer. »

Ci-joint 4 livres que j'ai écrits sous l'inspiration divine.

Tous mes bons vœux vous accompagnent.

Appendice 4

LETTRE OUVERTE AU PRESIDENT DES ETATS-UNIS

Sur l'ordre de Dieu, j'ai, en date du 30 avril 2014, adressé au Président des Etats-Unis, la lettre ci-après, qui a été réceptionnée par NALDO, le mardi 06 mai 2014 à 09h56, suivant la preuve de livraison me communiquée par DHL. Une copie de cette lettre a été envoyée au Pape François   et au Secrétaire Général de l'ONU.

S'agissant d'une question d'intérêt général, qui ne doit pas être traitée à huis clos, j'ai décidé de l'ouvrir à tous les peuples de la terre, afin que tout le monde sache que, Les Etats-Unis d'Amérique sont Co responsables des fléaux qui écument la terre depuis 30 ans. Car ils savent très bien que les temps impartis aux nations pour régner sur la terre sont révolus, mais ils ne veulent pas rendre le pouvoir au Fils de Dieu, Jésus – Christ, et aux saints du Très-Haut. Si les Etats-Unis continuent à résister à l'Eternel, l'Eternel frappera la terre par d'autres prodiges, notamment le retour à la bougie pour éclairer comme au moyenâge, l'effondrement industriel, les soulèvements, la privation de la musique, et le deuil.

Voici le contenu de ladite lettre.

CONCERNE : LA FIN DES TEMPS DES NATIONS

L'Eternel, le Dieu Très –Haut, qui a fait le ciel, et la terre, et la mer, et les choses qui y sont, m'a ordonné de vous écrire la lettre dont la teneur suit.

« Les temps des nations sont terminés depuis le 03 mai 1983. En conséquence, j'ai oint mon Fils, Jésus-Christ, comme Roi des rois et Seigneur des seigneurs de toute la terre. Je lui ai donné les nations pour héritage et les extrémités de la terre pour possession. Tous les peuples, les nations et les hommes de toutes langues le serviront. Sa domination est une domination éternelle qui ne passera point, et son règne ne sera jamais détruit. Le règne de la Papauté a donc pris fin, la souveraineté de tous les Etats du monde a cessé ».

« En vertu de ce qui précède, je t'instruis de :

1. Renoncer à tout devoir ou obligeance envers la Papauté.
2. Reconnaître mon Fils, Jésus-Christ, comme Roi des rois et Seigneur des seigneurs, le baiser et l'invoquer comme Dieu.
3. Proclamer la dissolution de l'Etat américain.
4. Restituer à tous les peuples incorporés dans l'Etat américain la souveraineté dont ils ont été dépossédés, afin qu'ils servent directement mon Fils Jésus-Christ, comme leur unique Roi et leur unique Seigneur.
5. Te démettre immédiatement après de toutes tes fonctions.
6. Ne point différer, mais appliquer sans délai cette loi nouvelle et éternelle dont dépend le bonheur des habitants de la terre. Faute de le faire volontairement, tu y seras contraint par la force, car la colère

de mon Fils, Jésus-Christ, est prompte à s'enflammer. » Ci-joint 4
livres que j'ai écrits sous l'inspiration divine.

Appendice 5

LETTRE OUVERTE AU SECRETAIRE GENERAL DES NATIONS UNIES

Sur l'ordre de Dieu, j'ai, en date du 30 avril 2014, adressé au Secrétaire Général des Nations Unies, la lettre ci-après, qui a été réceptionnée par GOMEZ, le lundi 05 mai 2014 à 16 h 08, suivant la preuve de livraison me communiquée par DHL. Une copie de cette lettre a été envoyée au Pape François et au Président des Etats-Unis.

S'agissant d'une question d'intérêt général, qui ne doit pas être traitée à huis clos, j'ai décidé de l'ouvrir à tous les peuples de la terre, afin que tout le monde sache que, L'ONU est Co responsable des fléaux qui frappent la terre depuis 30 ans. Car elle sait très bien que la souveraineté de tous les Etats du monde a cessé, mais elle n'a rien entrepris pour demander aux Etats membres notamment de jurer soumission au Fils de Dieu, qui est devenu depuis le 03 mai 1983, Héritier, Propriétaire et Roi des rois et Seigneur des seigneurs de toute la terre.   Si l'ONU continue à résister à l'Eternel, l'Eternel frappera la terre par d'autres prodiges, notamment le retour à la bougie pour éclairer comme au moyen-âge, l'effondrement industriel, les soulèvements, la privation de la musique, et le deuil.

Voici le contenu de ladite lettre.

Monsieur le Secrétaire Général,
CONCERNE : LA FIN DES TEMPS DES NATIONS

L'Eternel, le Dieu Très Haut, qui a fait le ciel, et la terre, et la mer, et les choses qui y sont, m'a ordonné de vous écrire la lettre dont la teneur suit.

« Les temps des nations sont terminés depuis le 03 mai 1983. En conséquence, j'ai oint mon Fils, Jésus-Christ, comme Roi des rois et Seigneur des seigneurs de toute la terre. Je lui ai donné les nations pour héritage et les extrémités de la terre pour possession. Tous les peuples, les nations et les hommes de toutes langues le serviront. Sa domination est une domination éternelle qui ne passera point, et son règne ne sera jamais détruit. Le règne de la Papauté a donc pris fin, la souveraineté de tous les Etats du monde a cessé »

« En vertu de ce qui précède, je t'instruis de :

1. Reconnaître mon Fils, Jésus-Christ, comme Roi des rois et Seigneur des seigneurs, le baiser et l'invoquer comme Dieu.

2. Proclamer le 03 mai journée mondiale du Seigneur et instruire toutes les nations de l'inscrire en lettres d'or sur leurs calendriers respectifs, d'en faire un jour chômé et payé, et de le célébrer avec faste comme jour de délivrance pour tous les hommes.

3. Instruire tous les Etats de restituer aux peuples qui les composent, la souveraineté dont ils ont été dépossédés au profit des Etats communs, et de s'auto dissoudre immédiatement après.

4. Ne point différer, mais appliquer sans délai cette loi nouvelle et éternelle dont dépend le bonheur des habitants de la terre. Faute de le faire volontairement, tu y seras contraint par la force, car la colère de mon Fils, Jésus-Christ, est prompte à s'enflammer. »

Ci-joint 4 livres que j'ai écrits sous l'inspiration divine.

Fait à Lubumbashi, le 03 Juin 2014.

MESSAGE ADRESSE AUX ROIS DES MATIONS DANS LE CADRE DE LA VENUE DU REGNE DE DIEU

Excellence,

J'ai l'honneur de porter à votre connaissance un décret, un ordre émanant du Dieu Suprême, celui qui a fait le ciel, et la terre, et la mer, et les sources d'eaux, le Roi des cieux, dont toutes les œuvres sont vraies et les voies justes, celui qui domine sur le règne des hommes, qui le donne à qui il lui plaît, qui y élève le plus vil des hommes, et qui peut abaisser ceux qui marchent avec orgueil.

Le Dieu Très-Haut a, par un décret divin, ordonné que, pour en finir avec l'injustice, l'insécurité, la violence, les inégalités sociales, la pauvreté, le chômage, la famine, les maladies, la mortalité, les calamités, la destruction de la terre, la corruption, et pour une plus grande unité du pouvoir spirituel et du pouvoir temporel, Son Fils, le Souverain Prêtre Jésus-Christ, sera le Roi des rois et le Seigneur des seigneurs de toute la terre à dater du trois mai 1983. De la sorte, l'Eternelle Sagesse du Seigneur Jésus pourra guider de plus près les affaires humaines et les destinées des peuples de la terre.

En conséquence, la souveraineté de tous les états, républiques, empires et royaumes a cessé, mais une prolongation de vie en tant qu'Autorité publique chargée de conduire la transition vers le royaume de Dieu leur a été accordée jusqu'à un certain temps.

Tous les peuples, tribus, nations, et les hommes de toutes langues devront le servir lui, Jésus-Christ, et obéir à sa parole qui fera désormais loi sur toute la terre.

Si un royaume, si une nation ne se soumet pas à lui, Jésus-Christ, et refuse de livrer son cou sous le joug du Roi du monde, le Dieu Très-Haut sévira contre cette nation par l'épée, par la famine, par la maladie, et par les calamités jusqu'à ce qu'il l'ait fait disparaitre par sa main.

Chaque roi, empereur ou chef d'Etat devra transférer son pouvoir au Seigneur des seigneurs, Jésus-Christ, par une déclaration écrite par laquelle il déclare volontairement et en toute conscience, devant Dieu et devant son peuple, déposer le pouvoir politique, militaire et administratif de son pays et les remettre au Seigneur Jésus, Roi du monde, représenté par le Messager de l'Evangile Eternel et les Prêtres rois du pays.

Le Chef d'Etat démissionnaire sera tenu de demander publiquement à son armée de devoir obéissance et loyauté aux nouvelles Autorités, en l'occurrence le Seigneur des seigneurs, Jésus–Christ, représenté par le Messager de l'Evangile Eternel et les prêtres-rois du pays.

Le chef d'Etat dépouillé de sa souveraineté demeure cependant en place comme Président de l'Autorité de Transition de son pays.

L'Autorité de transition a pour mission essentiellement d'organiser une conférence intertribale pour transférer à chacune des tribus son autonomie dont elle a été dépossédée ou dont elle s'est dessaisie, et permettre ainsi à chaque tribu de s'occuper de ses affaires.

Seuls les saints du Très-Haut feront partie de l'Autorité de transition. Par saint du Très Haut il faut entendre toute personne, quelle que soit son église actuelle, qui retient le nom de Jésus-Christ et qui n'a pas renié sa foi, qui a souffert à cause du nom de Jésus et qui ne s'est point lassé, et connue pour sa fidélité et sa soumission à Dieu, et qui pour cela ne se livre ni au mensonge, ni à l'abomination, ni à la corruption, ni à l'impudicité, ni à l'idolâtrie.

La transition est la préfiguration du nouveau monde. Elle servira donc à mettre en œuvre les institutions du nouveau monde, en l'occurrence un gouvernement mondial, d'une part, et d'autre part, des gouvernements régionaux établis dans toutes les tribus et exerçant leur souveraineté concurremment, eux-mêmes subdivisés en gouvernements locaux et de base. Car le plus petit groupement national deviendra un millier, et le moindre une nation puissante.

Il y a bien des siècles que les nations de la terre n'avaient pas eu une autorité mondiale, un Roi des rois. Et voilà que le Très-Haut vient de pourvoir à ce besoin en donnant au monde un Prince aussi puissant dont l'autorité s'étendra à tous les pays de la planète.

Toutes les organisations politiques internationales, l'ONU, l'OUA, l'Union Européenne, et les autres sont dissoutes, et leurs fonctionnaires seront considérés comme hors-la-loi. Le Très-Haut ordonne à toutes les nations membres de ces organisations de s'en retirer.

La démocratie est prohibée. Elle est remplacée par la théocratie, régime politique supérieur offrant de solides garantis quant au mode de désignation des dirigeants, au contrôle de leurs actes, au respect des droits et libertés, et à la bonne gouvernance.

La bonne nouvelle du règne de Dieu que je viens de vous annoncer accomplit fidèlement ce que Jéhovah Dieu avait prédit par la bouche de ses saints prophètes d'autrefois, en l'occurrence David, Esaïe, Daniel, Luc, Paul et Jean.

- Ps 2 : Es. 9 :6 ; Dan. 2 :40-44 ; Dan. 7 :9-18 ; Luc 21 :24 ; Ac. 17 :31 ; Apo. 5.

Les preuves de la venue effective du règne de Dieu sur la terre sont légion. Qu'il suffise de citer les quelques faits saillants ci-après. En effet, l'apparition de la violence assassine, la venue de la famine, l'éclatement des maladies quasi incurables comme le SIDA et la résurgence des maladies déjà vaincues comme la tuberculose, le déchaînement des calamités naturelles avec leurs cortèges de morts et de dégâts matériels colossaux, l'intensification des catastrophes aériennes, maritimes, routières, ferroviaires, lacustres et fluviales extrêmement meurtrières, l'effondrement de l'Union Soviétique, la chute du mur de Berlin, et le renversement des régimes totalitaires sont autant d'événements marquants des quinze dernières années et qui indiquent la fin des règnes des nations et la venue du règne de Dieu (Apo 6 :1-8)

Vous êtes sans ignorer que Dieu a établi des chefs à la tête des nations pour faire régner l'ordre, la sécurité, la paix, la justice et la prospérité dans tous les foyers. Un chef dont le pays connaît des troubles, la violence, la famine, le chômage, des calamités, a perdu le mandat du ciel. Les événements malheureux du moment marquent donc la fin des règnes des nations et le commencement du règne de Dieu.

Vous avez pu reconnaître que le pays à la tête duquel vous vous trouvez a été donné au Seigneur des seigneurs Jésus pour héritage, et pour possession. C'est donc lui, Jésus-Christ, qui détient le pouvoir absolu dans ce pays et non le **peuple, comme vous seriez tenté de le croire.**

Dans le royaume de Dieu le pouvoir appartient à Dieu. C'est le pouvoir même de Dieu qui est délégué aux dirigeants du royaume de Dieu. Le pouvoir est délégué d'abord individuellement à Jésus-Christ. Celui-ci le délègue ensuite à divers degrés, et selon diverses modalités, à d'autres chefs. Les personnes chargées de la direction du royaume de Dieu, du sommet à la base, tiennent donc leur mandat non pas du peuple comme

Quant à vous, n'écoutez pas vos prophètes, vos pasteurs et vos conseillers qui vous diront que le pouvoir vient du peuple, que Dieu ne s'occupe pas des affaires humaines, et qui vous assureront que vous ne serez pas assujetti à Jésus-Christ, le Roi du monde. C'est le mensonge qu'ils vous diront afin que le Très-Haut vous chasse du pouvoir et que vous périssiez.

En revanche, la nation qui acceptera de placer son cou sous le joug du Roi du monde et de le servir, Dieu la laissera en paix dans son pays pour qu'elle le cultive, le construise, le transforme en paradis, et qu'elle y demeure. Le Roi du monde défendra celte nation contre l'agresseur éventuel, et il la rendra invincible au point qu'aucune force, ni une combinaison de forces, ne pourra jamais lui ôter son pouvoir.

Si donc vous acceptez de plier votre cou sous le joug de Jésus-Christ, veuillez le manifester publiquement en faisant serment d'allégeance au nouveau Roi des rois.

Pourquoi vouloir mourir, vous et votre peuple, par l'épée, la famine, la maladie et les calamités comme le Dieu Suprême l'a décrété pour la nation qui refusera de servir son Roi ?

En ce qui me concerne, moi, Kamango Selemani Sheta - Sheta, né le 29 novembre 1953 à Kongolo, fils de Kamango et de Mangaza, de nationalité congolaise, Province du Maniema, tribu des Basonge, collectivité du Grand chef Lusuna, groupement de Loengo I, cité de Samba, je suis le Messager de l'Evangile Eternel chargé d'annoncer à tous les peuples, à toutes les tribus, à toutes les nations, à toutes les langues, et à tous les chefs d'Etat de la terre, la bonne nouvelle de la venue du règne de Dieu et de l'heure de son jugement. - Apo 14 :6-7, Apo 10:11.

Je me tiens à votre disposition pour toutes autres informations que vous jugeriez utiles.

Haute considération.

Fait à Lubumbashi, le 28/12/1998

K.S. Sheta-Sheta,

Messager de l'Evangile Eternel

Antériorité du jugement sur l'enlèvement de l'église

Plusieurs égarés enseignent que le jugement de Dieu viendra après l'enlèvement de l'église. D'où ont-ils tiré une telle chimère ? Dans l'ordre chronologique, l'enlèvement des élus vient après la destruction de Babylone la grande. En tout cas, les saintes écritures rangent les noces de l'agneau après la destruction de Babylone la grande, selon ce qui est écrit en Apocalypse 19 :1-9. En effet, cette section des saintes écritures situe chronologiquement les noces de l'agneau après le jugement de Babylone la grande. C'est ainsi qu'après avoir salué le jugement de la grande prostituée, en le présentant comme la conséquence de la venue du règne et du jugement du Seigneur Dieu tout –puissant, cette section des saintes écritures dit aux versets 7 et 8 :

Réjouissons-nous, et soyons dans l'allégresse, et donnons-lui gloire ; car les noces de l'agneau sont venues, et son épouse s'est préparée, et il lui a été donné de se revêtir d'un fin lin, éclatant, pur. Car le fin lin, ce sont les œuvres justes des saints.

Et d'ajouter au verset 9 : Et l'ange me dit : Ecris : Heureux ceux qui sont appelés au festin de noces de l'agneau ! Et il me dit : Ces paroles sont les véritables paroles de Dieu.

Il faut être intellectuellement myope et malhonnête pour ne pas reconnaitre que le jugement du monde prédit par les saints prophètes de Dieu d'autrefois ainsi que par son Fils, Jésus—Christ, frappe Babylone la grande qui contient l'Eglise avant les noces de l'agneau, et se classe conséquemment avant l'enlèvement de l'Eglise au ciel.

Trois autres écritures tirées de la bible démentent catégoriquement la théorie ou la fable de l'enlèvement au ciel des saints chrétiens pour les noces de l'agneau avant le jugement de Dieu.

Il s'agit premièrement de 2 Thessaloniciens 2 : 1-4, qui subordonne l'enlèvement de l'église à l'apparition de l'apostasie, qui est le reniement par les chrétiens de l'évangile éternel qui interdira toute relation avec l'adversaire de Dieu et du Christ, appelé ailleurs la bête ou huitième roi.

Or cet évangile éternel prône la venue du jugement de Dieu (Apocalypse 14 :6-12).

Donc le jugement vient avant l'enlèvement de l'Eglise.

Il s'agit ensuite de 1 Thessaloniciens 4 : 16-18 en conjonction avec 1 Corinthiens 15 : 51-52. Ces écritures nous apprennent que l'enlèvement de l'église aura lieu à la dernière trompette. Fait qui est confirmé par Apocalypse 12 :6. En effet, à la septième trompette, qui est la dernière, nous voyons un enfant naître et être enlevé au ciel auprès de Dieu. Que celui qui lit fasse attention. En effet, cet enfant ne représente pas le Seigneur Jésus comme l'ont enseigné le pape Jean-Paul II et d'autres égarés, mais une foule des fils de Dieu, mais tout un pays des saints, mais toute une nation sainte, comme l'atteste aussi Esaïe 66 : 7-8. Cet enfant représente donc les élus appelés aussi l'épouse de Jésus-Christ. Or la septième trompette intervient non seulement durant le jugement de Dieu, mais à la fin des jugements contenus dans les sept sceaux.

Par conséquent le jugement est antérieur à l'enlèvement de l'Eglise.

Il s'agit enfin de 1 Pierre 4 : 17-18. Cette écriture atteste que l'église de Dieu passera par le jugement. Non seulement qu'elle passera par le jugement, mais encore est-il souligné que c'est par elle que le jugement va commencer. Cela est conforme à cette parole de Jésus disant qu'il enverra ses anges pour arracher de son royaume tous les scandales et tous ceux qui commettent l'iniquité (Mat 13 :41-43). Or cette séparation entre les bons chrétiens et les faux est une œuvre du jugement. Donc le jugement précède forcement l'enlèvement de l'église. Pourquoi ? Parce que le jugement permet de savoir qui est chrétien et qui est un simple infiltré. Il permet également aux chrétiens d'être épurés, purifiés et blanchis pour aller tête haute, sans tache, ni ride, ni rien de semblable, mais saints et irréprochables à la rencontre de leur époux, Jésus-Christ. En conséquence, l'enlèvement viendra après le jugement de Dieu.

Nous venons de démontrer avec une grande exposition que l'enlèvement de l'église interviendra après le jugement de Babylone la grande et consorts. Ce qui accrédite notre thèse d'antériorité du jugement sur l'enlèvement de l'église.

Ceci dit, comment les habitants de la terre sauront-ils que l'heure du jugement de Dieu est venue ? Chacun se lèvera-t-il un bon matin de sa convenance pour proclamer la venue du jugement de Dieu ? Non, ce serait un désordre caractérisé. Mais fidèle à ses principes, Dieu suscitera un homme pour faire connaitre à tous les habitants du monde la venue de son jugement. Car le Seigneur, l'Eternel, ne fait rien sans avoir révélé ses secrets à ses serviteurs les prophètes (Amos 3 :7).

Est-ce que Dieu a planifié l'envoi d'un prophète pour annoncer au monde la venue de son jugement ? La réponse est oui. En effet, après avoir renvoyé à plus tard le jour du jugement selon ce qui est écrit en Actes 17 :30-31, les saintes écritures ont prédit la venue d'un serviteur de Dieu chargé d'annoncer à tous les habitants de la terre la venue du jugement de Dieu. C'est ce qui ressort de l'apocalypse 14 :6-7. C'est donc le prophète proclamateur de l'Evangile éternel qui donne la date à la venue du jugement de Dieu. Son apparition marque le début du jugement de Dieu. Ce n'est donc pas l'enlèvement de l'église qui marque la fin de la grâce comme l'ont enseigné les égarés, parmi lesquels William Marrion Branham, mais précisément la proclamation de l'Evangile éternel.

En principe, c'est un évangile qui a le pouvoir de faire disparaitre un autre évangile. C'est un évangile qui a le droit de faire cesser un autre évangile qui l'a précédé et non autre chose. C'est un évangile qui a le droit de remplacer un autre évangile qui est tombé en désuétude. Une loi remplace une loi, une ordonnance remplace une ordonnance. Jamais une ordonnance ne remplacera une loi, et un communiqué ne remplacera jamais un décret. Donc c'est l'évangile éternel qui remplace l'évangile de grâce. Pourquoi ? Parce que ce dernier est accompli, a atteint les objectifs qui lui ont été assignés par Dieu.

Vous venez de reconnaitre que vos pasteurs, vos prêtres, vos cardinaux, et vos papes vous ont menti au sujet de l'enlèvement de l'église. Serviteurs de Satan, ils voulaient vous endormir dans une fausse assurance d'être enlevés sans passer par le jugement, afin que vous ne vous prépariez pas en observant les paroles de Dieu ayant trait au jugement telles que reprises en apocalypse 14 : 6-12, et que vous soyez condamnés à brûler dans le feu éternel.

Sortez donc du milieu d'eux et suivez le Saint Messager de l'Evangile éternel, qui distribue ce dépliant. Faute de quoi d'autres mensonges qui vous lient à eux vous empêcheront d'entrer dans le royaume de Dieu. Si vous ne croyez pas à l'Evangile éternel mentionné en apocalypse 14:6-12, et si vous ne suivez pas son Saint Messager, vous ne serez pas enlevés au ciel. En revanche, vous serez déchus de la grâce et perdrez toute justice et toute filiation divine éventuellement acquises durant l'ère de la grâce, et finalement vous irez dans le feu éternel.

Fait à Lubumbashi, le 1 Juin 2024 Le Saint
Messager de l'Evangile éternel.

Eglise catholique romaine : chassez de l'église toutes les autorités

Commençons ce message par une mise au point importante. En effet, l'Eglise catholique romaine, contrairement à ce que pensent plusieurs égarés, n'appartient pas aux papes, ni aux cardinaux, encore moins aux évêques et autres prêtres, religieux et religieuses. En dépit des scandales et des iniquités qui s'y commettent, scandales et iniquités dus principalement à la présence des enfants de Satan qui y ont été infiltrés selon Matthieu 13 :24-30, l'Eglise catholique romaine appartient au Dieu Très-Haut et à son Fils, Jésus-Christ.

Par conséquent, ce n'est pas la parole du pape ou d'une quelconque autre autorité religieuse qui prime au sein de l'Eglise catholique, mais celle de Dieu et du Christ. Et maintenant écoutez la parole de Dieu et du Christ adressée à vous papes, cardinaux, Evêques, prêtres, religieux et religieuses de l'Eglise catholique romaine.

Jusque récemment, vous avez fermé les yeux sur les scandales et les iniquités commis par les adeptes de l'Eglise. Cela peut vous être pardonné étant donné que vous évoluiez dans la dispensation de la grâce dont les connaissances étaient partielles, passagères et obscures, doublées du sommeil et des ténèbres prédites par le Seigneur (1 Co 13 :912 ; Esaïe 60 :1-3).

Mais maintenant l'ère de la grâce de Dieu a pris fin suite à l'intronisation de son Fils, Jésus-Christ, intervenue le 03 mai 1983, conformément aux saintes écritures, en l'occurrence Daniel 7 :9-14, Luc 19 :11-12 ; Apocalypse 5 :1-13 et Apocalypse 14 :6-7.

L'intronisation du Seigneur Jésus met un terme à l'année de la grâce et ouvre le jour de la vengeance de Dieu, qui était fixé à une date postérieure à l'ère de la grâce, selon Actes 17 :30-31.

Par cette occasion, vous êtes informés, si vous ne le saviez pas déjà, que votre serviteur est le **Saint Messager de l'Evangile éternel** promis en Apocalypse 14 :6-7.

Il est envoyé par Dieu pour annoncer à tous les habitants de la terre la venue du jugement de Dieu et l'intronisation du Seigneur Jésus, avec mission immédiate de renverser tous les Etats du monde et les religions qui les soutiennent sans oublier les autres pécheurs, et d'établir sur leurs cendres le cinquième système politique de droit divin appelé royaume de Dieu, ce, en accomplissement de Daniel 2 : 44-45.

Dans le cadre du jugement de Dieu, lequel doit commencer par l'église du Seigneur conformément à 1 Pierre 4 :17-18 et Matthieu 13 ; 41-43, avec comme juges les saints chrétiens et ce, conformément à 1 Corinthiens 6 :1-3, ordre-vous est donné de chasser de l'Eglise tous ceux qui commettent les scandales et les iniquités.

En particulier, vous devez chasser de l'église toutes les autorités. Vous en connaissez bien les scandales et les iniquités, mais vous les gardez au sein de l'Eglise, mais vous les pomponnez, mais vous les dorlotez à cause des avantages matériels et financiers que vous tirez des relations que vous tissez avec elles.

Aucune grâce ne sera accordée aux autorités, car il est arrêté que Jésus – Christ détruira toute autorité, toute puissance, et toute domination avant la fin du monde, après quoi il remettra le royaume du monde à son Père, conformément à 1 Corinthiens 15 :24-25.

Pourquoi la décision du Seigneur est-elle si sévère envers les autorités? C'est qu'elles se sont livrées à l'impudicité avec son Eglise, qui est l'épouse de son Fils, ce qui est un péché impardonnable (Apo 14 : 8 ; Apo 17 : 1-5 ; Apo 18 :1-3 ; Apo 19 : 1-2).

Au-delà de cette impudicité, vous savez que toutes les autorités ont tyrannisé et opprimé les nations selon la lumière donnée par le Seigneur en Matthieu 20 :25.

Vous savez également qu'elles sont responsables de la pauvreté, du chômage, des inégalités sociales qui gangrènent les nations. Vous savez aussi qu'elles sont coupables de corruption, de détournement des deniers publics, d'enrichissement sans cause, de blanchiment d'argent, d'extorsions, de violations des droits de l'homme et des peuples, d'abus d'autorité, d'impunité, d'injustice, de clientélisme, de népotisme, de discrimination négative, d'abus sexuels, d'idolâtrie, de magie, de meurtres d'innocents, de fraudes fiscales, de fraudes douanières, de fraudes électorales, de fraudes tout court, de cupidité, etc., qui salissent l'image de l'Eglise de Dieu et attirent la honte à Jésus-Christ.

Vous voyiez, vous entendiez, et vous saviez toutes ces choses, mais vous avez choisi de garder silence, de fermer les yeux de peur de perdre vos intérêts personnels. Vous n'avez donc pas usé de votre autorité morale et du pouvoir qui vous est reconnu dans l'évangile d'ôter le méchant du milieu de vous, comme le recommande 1 Corinthiens 5 : 9 – 13.

Dès réception du présent message, vous devez mettre les autorités en interdit. Vous n'aurez aucune relation avec elles.

Vous leur interdirez désormais l'accès aux services de l'Eglise. Aucune messe de suffrage ne sera plus dite au bénéfice d'une autorité quelconque. Aucun enterrement religieux ne sera plus accordé à une autorité quelconque.

Aucun mariage religieux ne sera plus célébré en faveur d'une autorité quelconque. Vous ne recevrez plus désormais une offrande, un don d'une autorité quelconque. Au contraire, vous chasserez de votre église, de votre paroisse, de votre ministère charismatique, toute autorité, qu'elle soit politique, administrative, judiciaire, militaire, policière, coutumière, économique, scientifique, culturelle, sportive, ou autre.

Si vous continuez à les protéger, à les couvrir, vous serez déchus de la grâce, et vous perdrez toute justice et toute filiation divines éventuellement acquises avant la venue de l'Evangile éternel. Les moissonneurs citeront votre nom devant Dieu et devant l'agneau comme devant être retiré du livre de vie. Et vous irez dans le feu éternel préparé pour le diable et pour ses anges.

Fait à Lubumbashi, le 25/05/2024

Le Saint Messager de l'Evangile éternel

Arrêtez de manger l'eucharistie catholique et la sainte cène protestante, c'est de la merde et non le corps du Christ.

Il est vrai que pour être sauvé vous devez manger la chair et boire le sang de Jésus-Christ. C'est ce qui ressort des saintes écritures (Jean 6 : 54 -58).

Mais comment trouver la chair et le sang de l'agneau de Dieu ? Ces biens suprêmes ne s'achètent pas dans les alimentations, ni_ dans les magasins, ni même dans les supermarchés.

Les premiers disciples ont mangé la chair et bu le sang de Jésus servis par le Fils de Dieu lui-même. Comment cela ? Il a changé le pain du boulanger en son corps précieux, et le vin du vigneron en son propre sang (Matt 26 :26-28).

Et il a ordonné à ses apôtres de faire de même, c'est-à-dire de continuer à faire du pain et de la coupe de vin le corps et le sang de l'agneau de Dieu, et d'en nourrir les croyants pour qu'ils reçoivent le pardon des péchés et la vie éternelle.

C'est que Jésus-Christ a transmis aux apôtres le pouvoir de changer le pain et le vin en chair et en sang de l'agneau de Dieu.

Qu'en est-il des prêtres catholiques et des pasteurs protestants y compris des conducteurs des Témoins de Jéhovah ?

La bible déclare que le chef de l'église catholique, le Pape, a jeté la vérité par terre et enlevé à Dieu le sacrifice perpétuel (Daniel 8 : 11 ; 11 :31). Le sacrifice perpétuel en question, c'est l'offrande du corps et du sang de Jésus-Christ, qui remplace les offrandes des animaux jadis présentées à

Dieu selon la loi de Moise (Hébreux 10 :1-14). Et comment le pape a-t-il enlevé le sacrifice perpétuel pour le remplacer par la merde, ou les viandes sacrifiées aux idoles ?   En renversant le sanctuaire de Dieu, c'est-à-dire en usurpant le sacerdoce et le directoire du christianisme, et en mettant à mort les vrais sacrificateurs de Dieu. Le vrai sacerdoce cessa faute de vrais sacrificateurs chrétiens.

Le Pape n'est pas un chrétien. Le Pape est un païen à qui Satan a donné sa puissance, son trône, et une grande autorité selon Apo 13 : 2, avant de l'infiltrer dans l'Eglise de Dieu pour s'emparer par violence et par ruse du sacerdoce et de la direction du christianisme, aux fins de faire cesser le sacrifice perpétuel chrétien et de multiplier scandales et iniquités dans l'Eglise du Seigneur.

2 Th 2 :1-4 rend compte de cette usurpation, de ce coup de force sacerdotal. Daniel 8 :11-13 quant à lui met en lumière les meurtres des sacrificateurs perpétrés par la corne, qui est une autre appellation de la papauté. Puisque le pape et ses prêtres sont des usurpateurs et des pécheurs, des impies, des hommes du péché, des fils de la perdition, ils ne peuvent pas créer la vie de Jésus dans le pain et le vin. Ils ne font que parodier la cérémonie instituée par le Fils de Dieu. Ils n'ont t pas le pouvoir ni la qualité de changer le pain en la chair de Jésus et le vin en le sang du Christ.

Le pouvoir de créer la vie du Fils de Dieu ne peut être exercé que par les saints du Très-Haut. En effet, comment un homme pourri dans les péchés peut-il créer la vie ? Comment un mort peut-il donner la vie ? Ressusciter un mort est tout un problème pour le Pape et les prêtres catholiques, alors que ce pouvoir-là a été donné par Jésus à tous ses disciples, comme l'atteste Matt 10 : 7-8. Comment un homme incapable de ressusciter les morts peut –il créer la vie, et pas n'importe laquelle, mais la vie de l'homme - Dieu, pour ne pas dire du Fils de Dieu et Fils de l'homme ? Non, cela est impossible.

Aussi le repas qu'ils servent aux fidèles est-il de la merde, ou des fientes, des matières fécales, et précisément des viandes sacrifiées aux idoles que sont tous les morts catholiques béatifiés ou canonisés par le Pape. Tous ces morts-là sont des impies que le pape de Rome essaie de faire passer pour des saints afin de camoufler son impiété et sa perdition.

Que dire des pasteurs protestants ? Tous sont des pécheurs comme les prêtres catholiques. Leurs péchés sont aussi nombreux que les cheveux de leurs têtes. Ils sont nés dans les péchés et ils vivent dans les péchés. Pour éviter des discussions inutiles, citons deux péchés évidents dans lesquels se vautrent les pasteurs des églises chrétiennes non catholiques romaines. Il **s'agit des sectes et des divisions.** Galates 5 :19 - 21 n'énumère-t-il pas les sectes et les divisions parmi les péchés ? Donc créer une secte, provoquer une division parmi les chrétiens est un péché, car ceux qui commettent ces choses n'hériteront point le royaume de Dieu. Que signifient sectes et divisions ? Une secte est un groupe dissident créé en opposition à des pratiques religieuses dominantes. Une secte religieuse se définit aussi comme un groupe religieux dont la visée est d'exploiter ses fidèles au profit d'un ou plusieurs gourous. Une division est une désunion, une opposition. Mis dans le contexte chrétien, le mot division est un péché qui consiste à désunir la famille chrétienne, à séparer les chrétiens qui sont censés être unis parfaitement selon Jean 17 :20-21, à mettre en mésintelligence les chrétiens qui étaient unis sous une même autorité, une même parole, une même foi, à séparer les rachetés de Dieu afin qu'ils n'aient pas tout en commun, qu'ils ne subviennent pas aux besoins les uns des autres comme cela est indiqué en actes 4 : 32-35, ce qui signifie nuire à l'unité des chrétiens ardemment recherchée par Dieu et son Christ.

Au regard des définitions qui précèdent, les églises protestantes en ce compris les témoins de Jéhovah - qui essaient de se soustraire de la chrétienté - ne sont-elles pas des sectes.et des divisions ?   La réponse est affirmative. Car elles sont et elles font ce que disent ces définitions.

Alors comment voulez-vous que celui qui a créé une secte chrétienne, et provoqué une division, une désunion des enfants de Dieu, soit qualifié pour présenter au Très – Haut l'offrande de son Fils ? Ça n'a pas de sens. Donc chez les protestants on ne peut servir le corps et le sang de Jésus. Ce qu'on y sert comme sainte cène, c'est plutôt de la merde. Ils imitent simplement ce que Jésus et ses apôtres ont fait, mais cela est vide comme une coquille vide.

Arrêtez donc de manger l'eucharistie catholique et la soi-disant sainte cène protestante, car ce sont des viandes sacrifiées aux idoles. Si vous voulez manger le corps et boire le sang de Jésus suivez le Messager de l'Evangile éternel. C'est lui que Dieu vous a destiné pour restaurer la vraie sainte cène.

La Pâque chrétienne approche à grands pas. Même les églises et confessions religieuses chrétiennes qui n'ont pas l'habitude de célébrer la sainte cène vont le faire à l'occasion de la Paque. Vous serez donc invités à prendre part à la table du Seigneur.

Déclinez cette invitation, sachant qu'on va vous servir, non pas le corps et le sang du Seigneur Jésus, mais certainement des viandes sacrifiées aux idoles. Lorsque la bénédiction du pain et du vin est prononcée par un vrai sacrificateur du Christ, vous recevez de la viande sacrifiée au vrai Dieu, appelée le corps et le sang de Jésus. En revanche, lorsque la bénédiction est prononcée du pain et du vin est prononcée par un pécheur, une personne sans qualité, un faux prêtre, un vil imitateur du rite prescrit par Jésus à ses apôtres, vous obtenez des viandes autres que le corps et le sang du Fils de Dieu. Et puisque le vrai Dieu ne peut accepter pareilles offrandes, elles sont accaparées par les démons et les idoles, qui sont d'ailleurs à la base de cette parodie. C'est pourquoi ces eucharisties et soi-disant saintes cènes sont appelées des viandes sacrifiées aux idoles.

N'osez pas manger ces fameuses eucharisties ou saintes cènes, car c'est de la merde. Si vous en mangez après avoir été si bien éclairés par le présent message, vous irez dans le feu éternel, pour avoir mangé des viandes sacrifiées aux idoles. Vous ne pourrez pas dire que vous ne le saviez pas. Je vous ai prévenus. Merci de partager ce message parmi vos proches. Gare à vous si vous le gardez captif, car la colère de Dieu se déchaine du ciel contre ceux qui gardent injustement la vérité captive, Dieu la leur ayant fait connaitre, comme il le fait par le message que vous lisez en ce moment (Romains 1 :18 - 19).

Fait à Lubumbashi, le 18 Mars 2024

Le Messager de l'Evangile éternel

Le lien entre le rejet de l'Evangile éternel et les sept fléaux finaux

Si vous êtes chrétien, musulman, bahaï, bouddhiste, hindouiste, ou sans religion, ou encore sans dieu, ceci vous concerne :

Savez-vous qu'il existe sept fléaux finaux par lesquels s'accomplira la colère de Dieu ? Aujourd'hui nous allons vous montrer blanc sur noir que ces sept fléaux ont été conçus uniquement pour châtier ceux qui auront rejeté l'Evangile éternel, ou qui l'auront placé sur un pied d'égalité avec d'autres paroles seraient-elles de Dieu, comme la loi et les prophètes, ou comme l'évangile de la grâce de Dieu.

Ceux qui rejettent l'évangile éternel mentionné en apocalypse 14 :6 12 iront dans le feu éternel, quelle que soit leur religion.

Mais avant d'aller dans le feu éternel, ils seront frappés par les sept fléaux ci-après (Apo 15 :1-2), afin qu'ils apprennent que l'Evangile éternel n'est point une disposition facultative de la loi divine (Apo 16 :1-21).

Notez pour commencer que ces sept fléaux sont uniquement destinés aux hommes qui auront rejeté **l'Evangile éternel**. Qu'est-ce que l'évangile éternel ? Que signifie rejeter l'Evangile éternel ?   Pour en savoir plus, suivez le Messager de l'Evangile éternel.

Premier fléau : un ulcère malin et douloureux frappera toux ceux qui auront adoré la bête, et son image et qui auront porté sa marque et le nombre de son nom (Apo 16 :2).

Deuxième fléau : l'eau de la mer deviendra comme du sang d'un mort (Apo 16 :3).

Troisième fléau : Les fleuves et les sources d'eaux deviendront du sang (Apo 16 :4-7).

Quatrième fléau : les hommes seront brûlés par le feu du soleil, et ils blasphèmeront le nom de Dieu qui a autorité sur ces eaux, sur les ulcères, sur l'eau de la mer devenue du sang et sur l'eau des fleuves et des sources d'eaux devenue également du sang. C'est que ces fléaux ne sont pas exclusifs, mais associatifs.

Cinquième fléau : le trône de la bête sera couvert des ténèbres, ce qui entrainera des douleurs lancinantes   au point que les hommes se mordront la langue de douleurs, et ils blasphèmeront le Dieu du ciel à cause de leur douleur, et de leurs ulcères, et de l'eau qui est devenue du sang (Apo 16 :10-11).

Sixième fléau : Toutes les autorités du présent système, les rois, les chefs d'Etat, les Généraux et autres chefs militaires, et leurs armées, les puissants et tous leurs partisans, avec en tête la bête, seront rassemblés à Harmaguédon pour faire la guerre au Dieu Tout puissant, représenté par son fils, Jésus-Christ, épaulés par les Saints du Très-Haut. Et ils seront tués, et leurs cadavres donnés aux oiseaux du ciel qui se rassasieront de leur chair. C'est ainsi que les autorités qui refusent de faire allégeance à Jésus-Christ en remettant entre les mains des saints du Très-Haut tous les services administratifs, économiques, techniques et sociaux, ainsi que l'organisation judiciaire, seront écrasées par la pierre qui se détachera de la montagne sans le secours d'aucune main, comme l'a prédit le Prophète Daniel (Daniel 2 :43-45).

Septième fléau : Un grand tremblement de terre tel qu'il n'y en a jamais eu de pareil depuis que l'homme est sur la terre, détruire la capitale du monde en la divisant en trois parties. Il frappera ensuite toutes les villes des nations, qui s'écrouleront comme des châteaux de cartes et enseveliront leurs propriétaires sous les décombres. La puissance de ce tremblement est telle que même les iles et les montagnes disparaitront de la terre. Ce n'est pas tout. Sept est le chiffre d'accomplissement. Pour accomplir la colère de Dieu, le septième fléau ajoutera au redoutable tremblement de terre une grosse grêle, dont les grêlons pèsent environ 25 KG. Elle tombera du ciel sur les hommes et les hommes blasphémeront Dieu, à cause du fléau de la grêle, parce que ce fléau sera très grand.

Nous vous avons dit que ces sept fléaux sont destinés à châtier uniquement les hommes qui auront méprisé, rejeté, haï, l'Evangile éternel, ou simplement qui l'auront placé sur un pied d'égalité avec la loi et les prophètes, ou avec l'évangile de grâce, ou avec les épitres apostoliques, ou encore avec le coran, le bouddhisme, l'hindouisme, ou le catholicisme romain, ou le message du graal, ou une autre doctrine ou philosophie en vogue sur la terre.

Vous avez relevé de vous-même en parcourant les sept fléaux qu'il existe bel et bien un lien indiscutable entre les sept fléaux et le merveilleux EVANGILE éternel mentionné en Apo 14 :6-12.

En effet, du premier fléau au dernier, nous avons noté que ces fléaux ne frappent que la bête et son image, ainsi que les hommes et les femmes qui ont adoré la bête et son image, et qui ont porté la marque de la bête et le nombre de son nom ou qui ont refusé de sortir de Babylone la grande.

Or comment Dieu et son Fils, Jésus-Christ, appellent-ils l'Evangile qu'ils ont conçu pour châtier la bête et son image ainsi que tous ceux qui auront adoré la bête et son image, porté la marque de la bête et le nombre de son nom, et qui auront refusé de se séparer de Babylone la grande ? La réponse est en apocalypse 14 : 6-12. **Cet évangile s'appelle bel et bien l'Evangile Eternel.**

Il va sans dire que le rejet de l'Evangile éternel constitue un péché impardonnable. Tous ceux donc qui méprisent l'Evangile éternel mentionné en apocalypse 14 : 6-12, iront dans le feu éternel. Car en rejetant l'évangile éternel, vous vous séparez automatiquement de Jésus-Christ, et du coup vous êtes déchu de la grâce et perdez toute justice et toute filiation divines éventuellement acquises avant la proclamation de l'Evangile éternel.

Tout est-il perdu ? Non heureusement. Car les sept fléaux sont encore à venir. Vous pouvez encore vous repentir d'avoir rejeté

L'EVANGILE éternel en disant à Dieu que vous l'avez fait par ignorance.

Maintenant que vous savez ce que c'est l'évangile éternel, vous vous engagez à le magnifier comme Dieu lui-même au-dessus de toute parole serait-elle d'origine divine et à accomplir fidèlement les clauses de l'évangile éternel, c'est-à-dire à rompre sans délai avec Babylone la grande, à arrêter immédiatement d'adorer la Bête et son image, à rejeter sa marque et le nombre de son nom, et à rejoindre sans tarder l'assemblée théocratique mondiale qui se crée autour de l'Evangile éternel. Alors vous échapperez aux sept fléaux.

Maintenant vous dites : qu'est-ce que l'évangile éternel ? Que signifie rejeter l'Evangile éternel ? La bête, c'est qui ? Et son image ? Et sa marque ? Et le nombre de son nom ?

La Bête appelée le huitième roi, c'est la papauté. L'image de la Bête, c'est l'Etat. La marque de la bête, c'est la démocratie. Le nom de la bête, c'est le Vicarius Filii Dei. Le nombre du nom de la Bête est le 666. La Signification du nombre 666 est donnée par un triple 6 dont le premier se trouve au sixième sceau du livre scellé de sept sceaux, le second à la sixième trompette, et le troisième à la sixième plaie dont il est question dans le livre scellé de sept sceaux.

Nous vous le disons sans phrases, car le temps et l'espace ne nous permettent pas d'aller en détails. Si vous voulez en savoir plus, croyez à l'évangile éternel et suivez son saint Messager. Car nul ne peut affronter les sept fléaux et vivre éternellement. Fait à Lubumbashi, le 24 mars 2024

Le Saint Messager de l'Evangile éternel

Retour au pays natal

Le Messager de l'Evangile éternel, Sa Sainteté Sheta-Sheta, annonce à ceux qui ne le savent pas encore, et rappelle à ceux qui l'ont pu oublier, que l'Evangile éternel mentionné en apocalypse 14 :6-12 est accompli depuis le 03 Mai 1983.

Depuis lors le règne et le jugement de Dieu sont venus.

L'heure a donc sonné de punir les autorités du quatrième système politique mondial incarné par la papauté pour avoir renversé les trônes des peuples, pillé les trésors des peuples, mis la main sur les richesses des peuples, reculé les limites des peuples fixées d'autorité par l'Eternel Dieu lui-même, et mêlé dans des Etats communs les enfants des hommes que Dieu lui-même avait séparés (Deutéronome 32 : 7-9 ; Esaïe 10 : 12-14).

L'heure a conséquemment sonné de rétablir toutes les **tribus** du monde dans leurs droits naturels et historiques, en leur restituant leur identité propre, leurs frontières propres, et leur souveraineté dont elles ont été dépossédées au profit d'un Etat multinational.

A cet effet, ordre est donné à chacun de tourner vers son pays natal s'il n'y est pas encore, afin d'y établir un régime politique, juridique et social conforme aux lois divines, appelé royaume de Dieu.

A titre illustratif, si vous êtes un **LUBA** vivant à Lubumbashi, vous devez regagner le territoire **LUBA**. Si vous êtes un **SONGE** résidant à Kinshasa, vous devez rejoindre le sol **SONGE**. Si vous êtes un **TUTSI** résidant aux Etats-Unis d'Amérique, vous devez tourner vers   le sol **TUTSI**. Si vous êtes un **CHINOIS** résidant en France, vous devez rejoindre le sol de votre **tribu** en **CHINE**.

Si vous êtes un **JUIF** de nationalité allemande, vous devez regagner le sol **JUIF.** Si vous êtes un **ARABE** de nationalité américaine, vous devez rejoindre votre tribu en terre **ARABE.** Si vous êtes un ressortissant de la **NOUVELLE- ZELANDE** résidant à Londres, vous devez tourner vers votre **TRIBU** située en **NOUVELLE- ZELANDE**. Etc.

Celui qui ne connait pas son Pays natal n'a qu'à interroger son père, et il le lui apprendra, ses vieillards et ils le lui diront. Car ils savent très bien quel est l'héritage que le Dieu Très-Haut leurs a donné quand il parcellisa la terre, quand sa main partagea cette terre au cordeau, quand il jeta pour eux le sort   et donna un héritage aux nations, quand il fixa les limites des peuples, et quand il sépara les enfants des hommes, comme le recommande Deutéronome 32 : 7-9, comme le précise Esaïe 34 : 17, et comme le rappelle Actes 17 : 24-26.

Celui qu'on trouvera à l'extérieur de son pays natal, sans une autorisation dûment délivrée par le Saint Messager de l'Evangile éternel, périra par l'épée, ses enfants seront écrasés sous ses yeux, sa maison sera pillée, et sa femme violée, conformément à Esaïe 13 :6-17.

Que celui qui a des oreilles pour entendre entende ce que le Saint Messager dit aux habitants de la terre.

Fait à Lubumbashi, le 26 Mars 2024
Le Messager de l'Evangile éternel

Arrachez de l'Eglise toutes les Autorités

Habitants du monde, habitants de la terre,

Le Messager de l'Evangile éternel, Sa Sainteté Sheta-Sheta, annonce à ceux qui ne le savent pas encore, et rappelle à ceux qui l'ont pu oublier, que **l'Evangile éternel** mentionné en **Apocalypse 14 :6-12** est accompli depuis le **03 mai 1983.**

L'Evangile éternel prône l'investiture de Jésus – Christ de l'Autorité royale comme Roi des rois et Seigneur des seigneurs de toute la terre, avec mission immédiate de juger et de renverser tous les Etats du monde avec en tête l'Etat du Vatican, ainsi que les religions qui les soutiennent, et d'établir sur leurs cendres le cinquième système politique de droit divin prédit par le Prophète Daniel, appelé Royaume de Dieu (Daniel 7 :9-14).

En conséquence, le jugement et le règne de Dieu sont venus depuis lors.

Dans le cadre du jugement de Dieu, ordre est donné à tous les chrétiens d'arracher de l'Eglise du Seigneur tous les scandales et ceux qui commettent l'iniquité ce, conformément à **1 Pierre 4 :17-18 et Matthieu 13 :40-43.**

En particulier, toutes les autorités civiles, militaires, policières, judiciaires, et coutumières, qui se nomment chrétiens, mais qui s'illustrent notamment par la corruption, la fraude, la cupidité, le détournement des deniers publics, la violation des droits et des libertés fondamentales, le clientélisme, le népotisme, le pillage, l'enrichissement sans cause, les exactions, les extorsions, l'impunité, les jugements iniques, anticipés, usurpés ou téméraires, scandales et iniquités qui salissent l'image de l'Eglise de Dieu et attirent l'opprobre sur le Seigneur Jésus-Christ, doivent maintenant être arrachées   et jetées hors de l'Eglise pour être brûlées dans le feu éternel, comme la mauvaise herbe qu'on arrache et qu'on jette au feu.

L'Eglise qui n'exécutera pas le présent ordre, qui émane de Dieu et de son Christ, sera déchue de la grâce, et ses membres iront dans le feu éternel.

Le chrétien qui connait un autre chrétien qui pratique le péché est tenu de le dénoncer afin qu'il soit chassé de l'Eglise, conformément à **1 Corinthiens 5 :9-11.** Mais le chrétien qui connait un autre chrétien qui pèche, mais refuse de le dénoncer sera déchu de la grâce pour complicité d'iniquité. Il perdra toute justice et toute filiation divines éventuellement acquises avant la venue de l'Evangile éternel.

Que celui qui a des oreilles entende ce que le Saint Messager de l'Eternel Dieu dit aux églises.

Pour en savoir plus, suivez le Saint Messager de l'Evangile éternel (Apo 14 :6-7).

Fait à Lubumbashi, le 16 Mars 2024

Le Messager de l'Evangile éternel

CHASSEZ DE L'EGLISE TOUS LES SCANDALES

Le Messager de l'Evangile éternel, Sa Sainteté Sheta-Sheta, annonce à ceux qui ne le savent pas encore, et rappelle à ceux qui l'ont pu oublier, que l'Evangile éternel mentionné en apocalypse 14 :6-12 est accompli depuis le 03 Mai 1983.

Depuis lors, le jugement et le règne de Dieu prédits par les Prophètes de Dieu d'autrefois, en l'occurrence Esaïe 13 :6-9 et Daniel 2 :44-45 ; 7 :915 sont venus pour mettre un terme au présent monde et rétablir le royaume de Dieu.

En ce qui concerne le jugement de Dieu, ordre est donné à tous les chrétiens de chasser de l'Eglise de Dieu tous les scandales et ceux qui commettent l'iniquité ce, conformément à 1 Pierre 4 :17-18, Matthieu 13 :40-43 et 1 Co 6 : 1 - 3. Parmi ceux qui font des scandales dans l'Eglise de Dieu figurent en première position le pape de Rome appelé roi d'Assyrie (Esaïe 10 : 12-14), adversaire (2 Th 2 :1-4), ou dévastateur (Daniel 8 :13), ou Bête (Apo 13 :2 ; 14 :9-12), ou Bête écarlate (Apo17 :16), ou encore huitième roi (Apo 17 :10-14), ainsi que les autorités qui le reconnaissent. Les Chrétiens du monde entier doivent unir leurs efforts pour arracher le pape de la sainte Eglise de Dieu.

Le roi d'Assyrie, c'est le pape de Rome.
Vous vous demandez certainement quel lien y a-t-il entre le pape de Rome et le roi d'Assyrie appelé la corne, le dévastateur, l'adversaire, la bête et le huitième roi ?

Effectivement le Pape de Rome incarne le roi d'Assyrie, appelé le dévastateur, l'adversaire, le huitième roi. En voici la démonstration.

Démonstration

Le roi d'Assyrie représente le diable (Luc 4 :5-8). Or le diable a délégué son autorité à quelqu'un sur la terre selon Apocalypse 13 : 2. Or la personne ou la structure à laquelle le diable a donné son trône, son autorité et un grand pouvoir s'appelle la bête ou 8ème roi.

Or le 8ème roi, c'est la papauté. Donc la papauté incarne le roi d'Assyrie. A ce titre elle hérite l'actif et le passif du roi d'Assyrie.
En effet, qui a ramassé toute la terre comme dit en Esaïe 10 :12-14 ? C'est le diable, Satan, thèse corroborée par Luc 4:5-8. A qui Satan a-t-il donné son trône, son autorité et un pouvoir immense ? C'est à la bête, également appelée bête écarlate et huitième roi, étant assis sur le trône des 7 rois, qui est le trône de Rome (Apo 13 :2 ; 17 :9-12).

Qui se dispute avec Dieu la domination du monde et la direction de l'Eglise et du sacerdoce ? C'est le pape de Rome selon Daniel 8 :13-14 et 2 Th 2 :1-4. Il suit de là que le bouleversement de l'ordre politique, juridique et social établi par Dieu à la fondation du monde (Math 24 : 37) incombe à la Papauté.

Les souffrances des peuples de la terre ont donc pour origine la papauté, héritière du roi d'Assyrie qui, pour se désolidariser de ce dernier, devrait renoncer à l'actif et au passif de son ancêtre. Car la papauté a hérité l'actif et le passif du roi d'Assyrie symbolique. Son actif est quasi nul. Mais son passif représente des propos orgueilleux, arrogants et monstrueux envers l'Eternel, des regards hautains envers le Dieu des dieux, des pillages des trésors des peuples, la mainmise sur les richesses des peuples, le renversement des trônes des peuples, la modification des limites des peuples fixées d'autorité par Dieu lui-même, la création de nouveaux cadres politiques appelés l'Etat, qui ont mêlé dans un même pays et sous une même autorité plusieurs peuples que Dieu lui-même avait séparés en donnant à chacun un pays à part et un gouvernement propre.

Toutes ces choses se sont passées à l'époque où la papauté représentait l'autorité politique partout détruite sur la terre à la suite de l'effondrement de l'empire romain d'occident, et où le pape pouvait dicter sa loi à tous les rois du monde, mettant en interdit qui il veut, privant de culte qui il veut, et donnant le trône à qui il veut. Mais il n'a jamais désapprouvé les œuvres décriées ci-haut. Au contraire la papauté les a encouragées et en a profité très largement, ce qui fait dire à Dieu qu'elle s'est plongée dans le luxe, que les capitalistes de la terre se sont enrichis par la puissance de son luxe, et que sa disparition entrainera l'effondrement de l'économie mondiale (Apo 18 : 1- 3, 7, 10-13). Donc les souffrances des habitants de la terre ont pour origine lointaine une puissance politique appelée la Papauté. Voilà pourquoi les chrétiens doivent arracher le pape de l'Eglise du Christ et le jeter dehors avant de le lancer dans l'étang ardent de feu et de soufre, qui est la seconde mort. Cette disposition est conforme au pouvoir reconnu par Dieu aux saints chrétiens conformément à 1Corinthiens 6 :1-3, Matthieu 13 :40-43, et 1 Pierre 4 :17-18.

De même, toutes les autorités civiles, militaires, policières, judiciaires, coutumières, qui se nomment chrétiens, qui reconnaissent le pape et qui s'illustrent par des scandales qui salissent l'image de marque de l'Eglise et attirent la honte au nom précieux de Jésus doivent maintenant être extirpées de l'Eglise et frappées d'interdit.

L'Eglise qui n'exécutera pas cette volonté du Dieu Très-Haut sera déchue de la grâce, et tous ses membres iront dans le feu éternel.   Dans le même ordre d'idée, les chrétiens sont instruits de dénoncer d'autres chrétiens qui commettent l'iniquité afin qu'ils soient chassés de l'Eglise, conformément à 1 Co5 :9-11. Le chrétien qui ne dénonce pas un autre chrétien qui pèche est un complice d'iniquités. Il sera déchu de la grâce et perdra toute justice et toute filiation divines éventuellement acquises avant la venue de **l'Evangile éternel.**

Que celui qui a des oreilles pour entendre entende ce que le Saint Messager de l'Evangile éternel dit aux Eglises.

Fait à Lubumbashi, le 29 Mars 2024
Le Messager de l'Evangile éternel

Purification de l'Eglise de Dieu.

Le jugement de Dieu prôné par l'évangile éternel en apocalypse 14 : 6 -7 commencera par l'Eglise afin d'en arracher tous les scandales et ceux qui commettent l'iniquité, conformément à 1 Pierre 4 : 17 - 18 et Matt 13 : 40 - 43 ce, afin de faire paraitre devant Dieu, le Christ et le monde, une Eglise totalement épurée, purifiée et blanchie, sans tache, ni ride, mais sainte et glorieuse, qui sera finalement enlevée au ciel.

Les premiers faux chrétiens qui seront déboulonnés de l'Eglise à cause de leurs scandales et de leurs iniquités sont les Autorités, les Puissances, et les Dominations de ce monde. Car leurs scandales et leurs iniquités n'ont plus besoin d'être démontrés, ni de faire l'objet d'enquêtes ou d'investigations. Ils crèvent les yeux.

Aussi la prophétie dit-elle que la fin du monde viendra lorsque JésusChrist aura détruit toute autorité, toute domination et toute puissance (1Co 15: 24-25).

Vous avez bien compris :

Avant la fin du monde présent, les Autorités qui le dirigent seront jugées, combattues, défaites et détruites par Jésus-Christ et les Saints du Très- Haut, après quoi le présent monde prendra fin. En d'autres mots, la fin du monde présent passe par la destruction physique des autorités qui le gouvernent.

Raison pour laquelle les saints chrétiens parvenus à l'époque du jugement du monde ont la responsabilité collective d'arracher de l'Eglise de Dieu toutes les autorités, toutes les dominations et toutes les puissances, qu'elles soient civiles, militaires, policières, judiciaires, coutumières, économiques, culturelles, ou autres scientifiques. Car leurs abus sont innombrables et elles se cachent dans l'Eglise de Dieu pour se faire sanctifier, pour se faire passer pour des enfants de Dieu alors que leurs œuvres indiquent qu'ils sont des engeances des vipères.

Désormais donc, le jugement de Dieu étant venu des suites de l'intronisation de son Fils en date du 03 Mai 1983, aucune autorité parmi toutes les catégories susmentionnées ne peut mettre ses pieds dans l'Eglise de Dieu. Celles qui estimeront être victimes d'un jugement injuste, n'auront qu'à apporter la preuve de leur innocence contre les accusations de corruption, de détournement des deniers publics, d'extorsion, de violations des droits de l'homme et des peuples, d'enrichissement sans cause, de blanchiment d'argent, d'abus d'autorité, de tyrannie, d'asservissement, d'injustice, de clientélisme, de népotisme, de discrimination négative, d'impudicité, d'abus sexuels, d'idolâtrie, de magie, de meurtres d'innocents, de fraudes fiscales, de fraudes douanières, de fraudes électorales, de fraudes tout court, de cupidité, de fétichisme ou de sorcellerie, et de soutien à la démocratie, accusations qui pèsent lourdement sur eux selon les cris parvenus aux oreilles de l'Eternel Dieu (Apo 18:5).

Il suffit d'être une autorité de ce monde pour perdre tout lien avec le vrai Dieu. Car toute autorité de ce monde tient son pouvoir de Satan (Luc 4:5-8). Il est au service du représentant de Satan appelé le 8ème roi (Apo 17: 12-14). Il est l'image du 8ème roi (Apo 14: 9-11; 13 : 11-15). Il est donc un impie, un homme du péché, un fils de la perdition et un ennemi de Dieu et du Christ comme le 8ème roi (2Th 2: 4). Rien de bon ne peut venir de lui: tout ce qu'il peut faire, c'est tyranniser les nations, piller les trésors des peuples, mettre la main sur les richesses des peuples, asservir les nations (Matt 20: 25 -26; Es 10:12-14). Car nul ne peut servir deux maîtres à la fois. Nul ne peut servir Dieu et Satan (Matt 6:24). L'autorité de Dieu va aux Saints (Apo 2:26-27; 3 : 21). Raison pour laquelle Dieu a décidé de dépouiller les infidèles de la domination, du règne et de la grandeur de ce monde et d'en revêtir les Saints selon ce qui est écrit en Daniel 7:2627.

La Bible déclare que les chefs de ce monde sont les ennemis de Dieu, car ils ont tué son Fils (1 Co 2 : 6). Aussi seront-ils détruits le jour du jugement. Autant dire que les Saints Chrétiens n'ont pas besoin de prouver les péchés dont ils accusent les autorités de ce monde.

Le simple fait d'appartenir à une autorité de ce monde ou de l'animer, est une preuve du péché, car l'autorité de ce monde et d'origine satanique. Et les détails de leurs iniquités foisonnent dans la bible. Nous citerons sans limitation les blasphèmes, les paroles arrogantes, le rejet de la vérité, les abus de toute sorte, les meurtres d'innocents, la corruption, la magie, les détournements des deniers publics, les fraudes douanières, fiscales et électorales, les violations des droits de l'Homme et des peuples, etc.

Il n'y a point d'autorité politique de ce monde parmi les vrais chrétiens. Mais toutes les autorités politiques de ce monde sont parmi les païens et les faux chrétiens, ces derniers étant des païens infiltrés dans l'Eglise de Dieu afin d'y commettre les scandales et les iniquités (Matt 13:37-39).

Ce n'est pas aux saints d'apporter les preuves de leurs accusations, c'est à l'accusé de prouver son innocence. Telle est la procédure devant le tribunal céleste. Dieu n'a jamais donné la preuve des péchés reprochés aux contemporains de Noé qui furent détruits par le déluge. Mais il a avoué que Noé était juste, et il l'a sauvé.

De même, Dieu n'a jamais apporté la preuve des péchés des contemporains de LOT, qu'il détruisit dans le feu de Sodome et Gomorrhe. Il avait laissé la charge à leur avocat, Abraham, d'apporter la preuve de leur innocence. Et puisqu'Abraham n'a pu prouver leur innocence, ils furent tous détruits.

Il en est de même aujourd'hui, les saints chrétiens agissant au nom et pour compte de Dieu et de son Christ, n'ont point la charge de la preuve des péchés qu'ils dénoncent étant donné que tous ont péché sous le label de Babylone la grande et que leurs péchés se sont accumulés jusqu'au ciel, selon le constat divin publié en apocalypse 18 : 4 - 5. De plus, tous ont commis un péché impardonnable. C'est le péché dévastateur dont il est question en Daniel 8 : 13 - 14. Il n'y a point d'exception.

Or le péché dévastateur est avant tout un péché des autorités, des dominations, et des puissances de ce monde.

Donc toutes les autorités, toutes les puissances, toutes les dominations de ce monde peuvent être exclues de l'Eglise de Dieu sans remords, et sans brandir une preuve quelconque de leurs péchés. A elles toutefois de prouver leur innocence. Quand Dieu inspirait à Paul les versets de 1 Co 15 : 24-25, il pensait certainement aux iniquités des Autorités du quatrième système politique de droit romain. Leurs péchés sont entre autres ceux que nous venons de mentionner ci-dessus.

Donc toutes les autorités seront expulsées de l'Eglise pour être ensuite détruites physiquement ce, avant de rejoindre l'étang ardent de feu et de soufre, qui est la seconde mort.

Le pasteur qui gardera une autorité quelconque dans sa bergerie sous quelque prétexte que ce soit sera déchu de la grâce, et il ira dans le feu éternel pour cause de complicité de scandales et d'iniquités.

Le pouvoir de déchoir les pécheurs de la grâce est reconnu aux saints commis à la moisson par les saintes écritures, en l'occurrence Matthieu 13: 30 et Matthieu 13 : 41 - 42. Il suffit donc que les saints prononcent votre déchéance pour que vous perdiez toute justice et toute filiation divines éventuellement acquises par l'observation de la loi, par la dispensation de la grâce ou encore par la pratique des prescriptions relatives au royaume de Dieu.

Faites donc très attention avec les saints du Très-Haut chargés de l'Evangile éternel, Evangile du jugement et du règne de Dieu.

Pour en savoir plus, suivez le Saint Messager de l'Evangile éternel.

Fait à Lubumbashi, le 20 Mars 2024

Le Messager de l'Evangile éternel

CONCERNANT L'AUTEUR

Kamango Selemani Sheta – Sheta appartient à l'ethnie SONGE dont l'érudit sénégalais, Cheikh Anta Diop, égyptologue de renommée planétaire, a dit qu'elle parle la même langue que les Egyptiens qui avaient bâti les pyramides, qui sont une des merveilles du monde.

Cela fait comprendre que les BASONGE sont venus de l'Egypte. A ce titre, ils ont participé à l'invention de l'écriture et ont donc contribué à faire sortir l'humanité de la préhistoire pour l'introduire dans l'histoire, la faisant passer de la tradition orale à la tradition écrite.

Il va sans dire que les BASONGE ont contribué à élever la vie humaine au-dessus des conditions animales en la rendant différente de la vie des bêtes.

C'est donc de ce peuple fort et puissant, intelligent et ingénieux, qu'est né l'auteur du présent livre, un certain 29 novembre 1953 à Kongolo, étant fils de Kamango Kilumbu Gustave et de Mangaza Nkongolo Clémentine, dits de nationalité congolaise selon la volonté des Belges, province du Maniema, territoire de Kasongo, collectivité de BASONGE 1er, groupement de Loengo, cité de Samba.

Chez les Basonge mêmes, Kamango Selemani Sheta-Sheta est un homme de haute naissance. Son père est un Prince des Benya MUDIMA, sa mère une Princesse des Benya KALEEMBA. Son grand-père paternel, le Grand Chef Mwana Kahambwe Ngalu et son grand-père maternel, le Grand chef Mwana Ntambwe Lumpangu, avaient bâti une coalition des chefs Songe et organisé une résistance farouche à la colonisation belge, afin de préserver leurs trônes, leurs trésors, leurs richesses, leurs valeurs ainsi que le droit de leurs peuples à la dignité humaine, à la liberté, à la propriété privée des terres, et à l'autodétermination. L'homme blanc n'a pu mettre ses pieds à Nalwe, la capitale, jusqu'à ce qu'il s'agenouillât et s'engageât à les traiter avec dignité.

Il n'est donc pas étonnant que le Dieu Très-Haut recoure à une postérité Songe pour contribuer cette fois-ci à la délivrance de l'humanité de la corruption, de la cruelle oppression politique et de l'impitoyable exploitation économique d'origine romaine imposées par l'église catholique romaine, ses rois et ses marchands véreux. Longtemps avant, le Prophète Esaïe avait annoncé qu'il y aurait en Afrique centrale une nation forte et puissante dont l'Eternel allait se servir comme instrument de sa colère pour juger le monde (Esaïe18 :1-7). Les faits montrent qu'il s'agit des chrétiens d'origine Songe. En effet, de tous les peuples de la région susvisée seul le peuple Songe menace, par son fils, l'auteur de ce livre, l'Etat de Vatican, l'église catholique romaine, les Etats européens, les Etats-Unis d'Amérique et l'islam, qui sont les adversaires les plus puissants mais aussi les plus maquillés de Dieu et de son Christ.

Prédestiné à conduire le combat des saints de Dieu contre les forces du mal en vue de l'établissement du royaume de Dieu sur la terre, il sera tiré de la boue des péchés, lavé, sanctifié et justifié au nom de Jésus-Christ fin 1980. C'est ainsi que le 11 février 1981, il sera oint de force et d'esprit, le Saint-Esprit étant descendu sur lui sous une forme corporelle, comme une colombe, à trois reprises la même nuit, et une voix faisant entendre du ciel, à chaque descente de la colombe, ces paroles : « Reçois le Saint-Esprit ». Trois jours après, soit le 14 du même mois, il sera baptisé de force et d'esprit publiquement, un feu précédé d'un coup de vent l'ayant couvert de la plante des pieds à la tête, avant qu'une colonne de lumière venant du ciel, étincelant comme l'éclair, vînt couronner la cérémonie d'investiture en clignotant trois fois devant sa face.

Le 03 mai 1983 Dieu l'établit en qualité de Messager de l'Evangile éternel promis dans Apocalypse 14 :6-7, chargé d'annoncer à tous les peuples, à toutes les tribus, à toutes les nations, à toutes les langues, et à tous les chefs des nations de la terre, la bonne nouvelle de la venue du jugement et de l'intronisation du Fils de Dieu, Jésus-Christ.

AUTRES TITRES DISPONIBLES DU MEME AUTEUR

- Jésus-Christ, le Roi du monde – Accomplissement des prophéties de Daniel 2 et 7.

- La Balkanisation du monde - Une solution divine à la pauvreté, au chômage, aux inégalités sociales et à l'instabilité politique dans le monde.

- Donnez le tourment et le deuil à l'église catholique romaine - Babylone la grande est tombée.

- Muhammad, le coran et l'islam ne viennent point de Dieu.

- Le prophète Muhammad – Un ennemi démasqué de Jésus-Christ.

- Jésus-Christ n'est pas le Dieu Très-Haut.

- Les Gros mensonges des Témoins de Jéhovah.

- J'ai tué Abd-ru-Shin.

- Réintégration d'Israël dans la nouvelle alliance – Dieu n'a pas rejeté son peuple qu'il a connu d'avance.

- Les vraies prières des saints.

- La Nouvelle naissance - Semence, géniteurs, signes et obstacles.

- 36 Raisons de balkaniser la RD Congo.

- Tous les pasteurs n'ont pas droit aux dîmes et aux offrandes.

- Le Salut d'une tribu est l'œuvre de ses propres prêtres.

- Sortez des sectes religieuses chrétiennes - Toutes les Eglises chrétiennes non catholiques romaines seront brûlées par Dieu.

- L'Apostasie en question – Celui qui ne suit pas l'Evangile éternel est un apostat.

- Les chrétiens et la politique – Tous les chrétiens qui font la politique de ce monde périront dans la seconde mort.

- Kadima co-responsable de la crise Zaïroise.
- La balkanisation des états multinationaux, tribalisme ou souverainisme tribal ? La bible répond.

- L'intronisation de Jésus-Christ, fondement, date et conséquences.
- Les chants d'un pseudo-africain.
- Soyez purifiés du péché dévastateur-Un péché en chair et en os qui annule toute justice et toute filiation divines acquises.
- Les huit béatitudes.

Edition du 30 Juin 2024

Contacts :

Edmond Kamango Selemani Sheta – Sheta
Messager de l'Evangile éternel
e-mail : edmondkamngo gmail.com

Tél. : +243 099 322 8947   / +243 081 216 2503

Printed by Books on Demand GmbH, Norderstedt / Germany